Ce cahier d'activités appartient à :

____

____

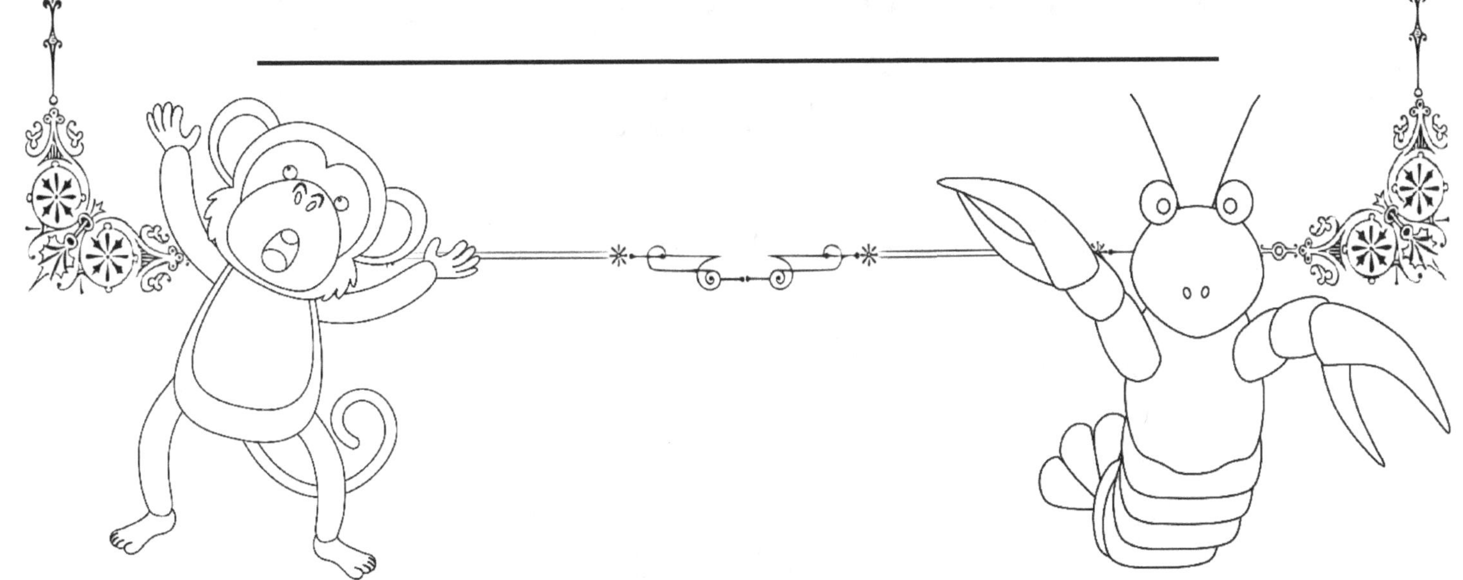

Faites Correspondre les Animaux avec leur Nom

 • • Tortue

 • • Poisson

 • • Crabe

 • • Vache

 • • Chat

p	é	l	é	p	h	a	n	t
e	c	é	a	b	g	h	k	o
r	a	z	c	h	a	t	s	r
r	n	a	h	f	g	h	e	t
o	a	r	e	d	g	f	r	u
q	r	d	v	e	z	d	p	e
u	i	m	a	t	y	u	e	n
e	l	m	l	a	p	i	n	b
t	o	i	s	e	a	u	t	c
k	j	h	r	e	s	q	w	x

TROUVEZ CES MOTS:	cheval	serpent
	lézard	lapin
	tortue	éléphant
	canari	perroquet
	oiseau	chat

Trouver et Colorez la bonne Réponse

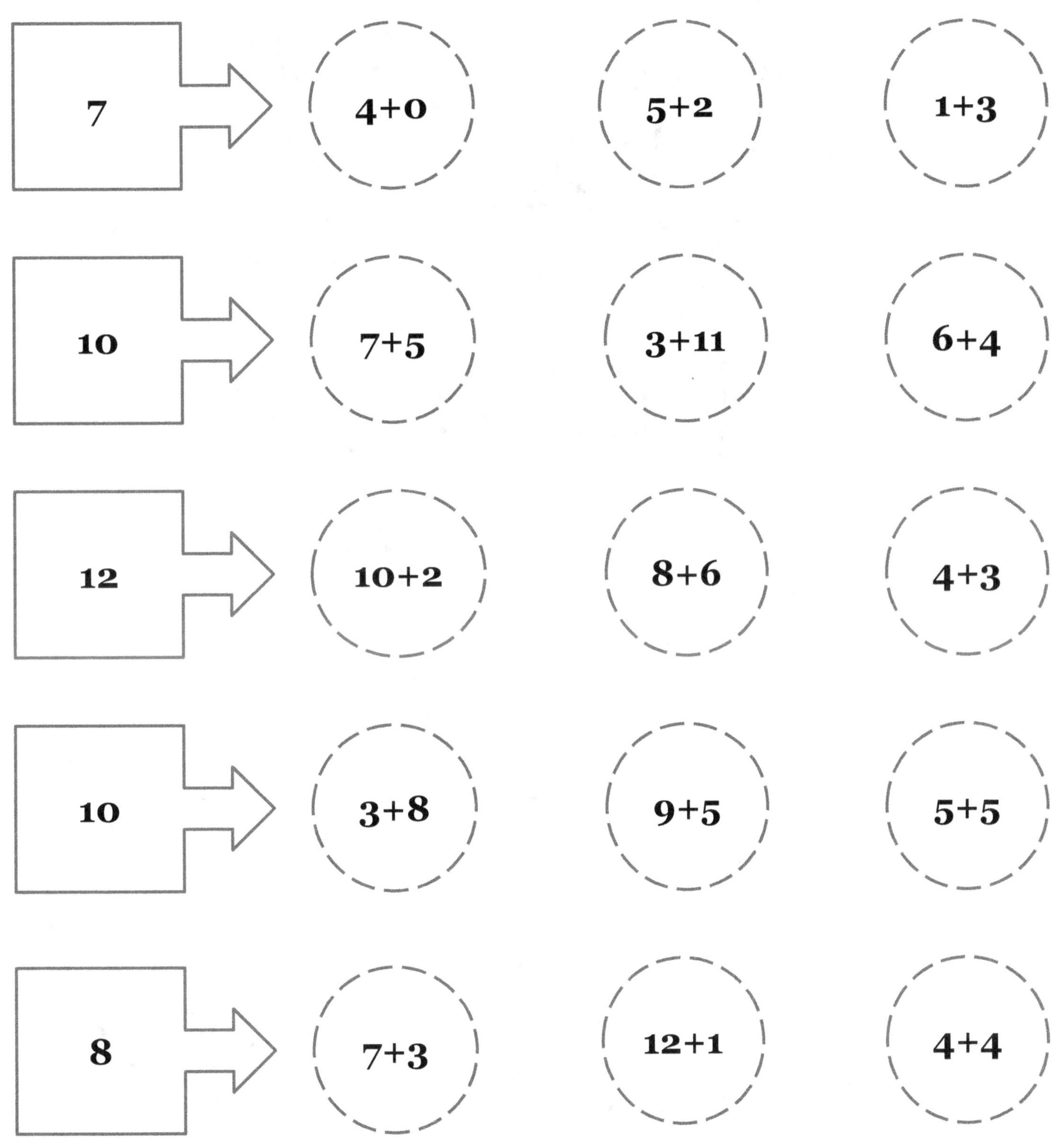

Faites Correspondre les Animaux
avec leur Nom

Dragon

Singe

Lapin

Cochon

Canard

c	h	è	v	r	e	â	n	e
a	p	g	a	h	k	l	m	m
n	o	d	c	o	c	h	o	n
a	u	ç	h	é	o	y	y	i
r	l	v	e	m	q	g	g	p
d	e	b	k	j	h	f	d	o
b	t	o	r	t	u	e	y	i
v	n	x	c	w	c	n	j	k
r	t	m	o	u	t	o	n	r
c	h	a	t	o	n	a	z	e

TROUVEZ CES MOTS:	chaton	tortue
	poulet	coq
	canard	mouton
	âne	vache
	chèvre	cochon

Trouver et Colorez la bonne Réponse

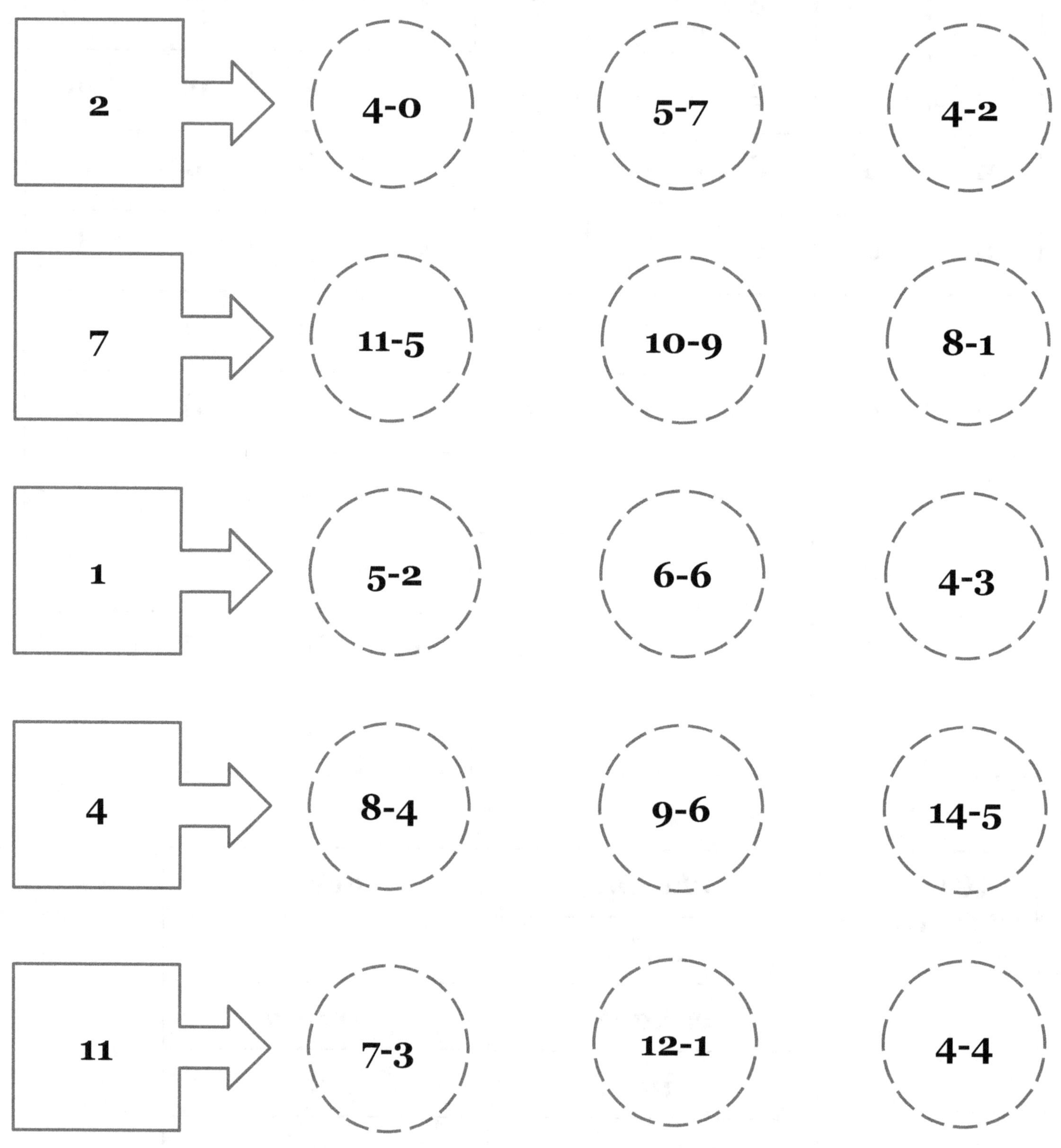

Faites Correspondre les Animaux avec leur Nom

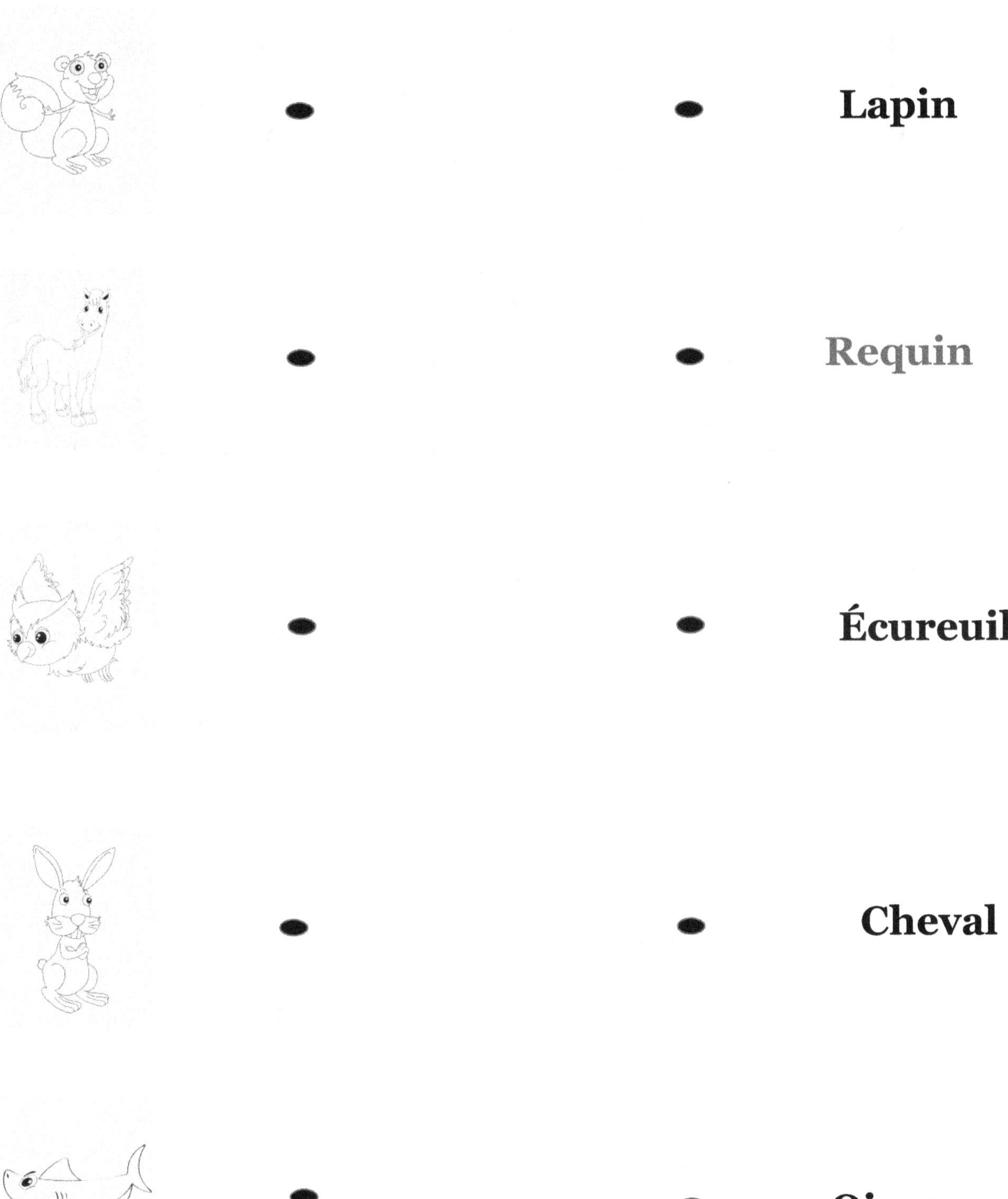

c	h	a	t	o	n	w	x	c
h	q	s	s	d	l	i	o	n
a	c	a	n	e	f	g	h	m
m	a	i	g	l	e	c	v	f
e	n	s	q	d	f	g	h	a
a	e	s	i	n	g	e	j	u
u	t	f	r	a	t	d	g	n
f	o	d	s	w	w	c	d	e
g	n	g	b	é	l	i	e	r
j	o	n	h	j	k	l	m	p

TROUVEZ CES MOTS:	singe	rat
	faune	aigle
	lion	cane
	chameau	chaton
	caneton	*bélier*

Trouver et Colorez la bonne Réponse

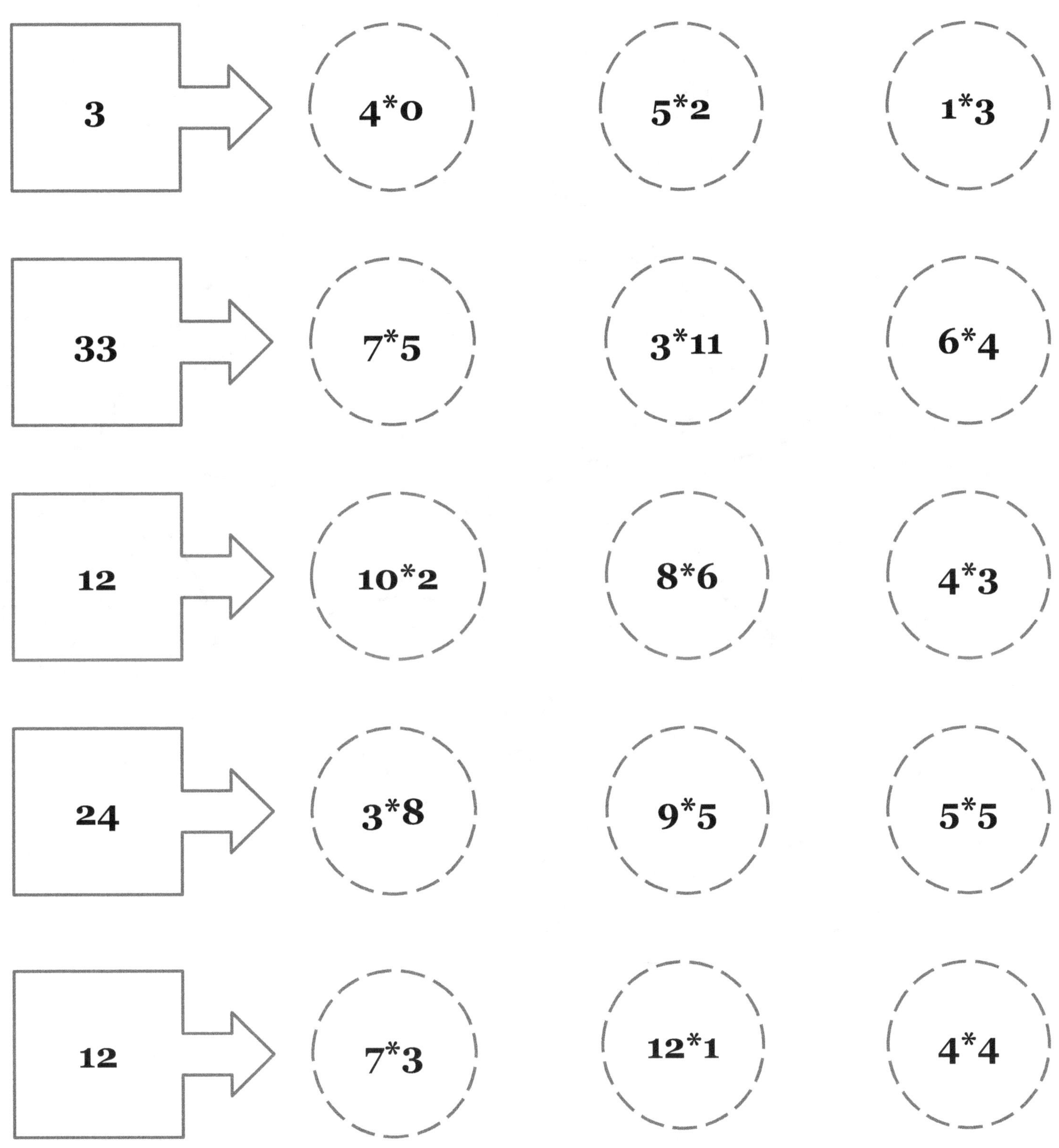

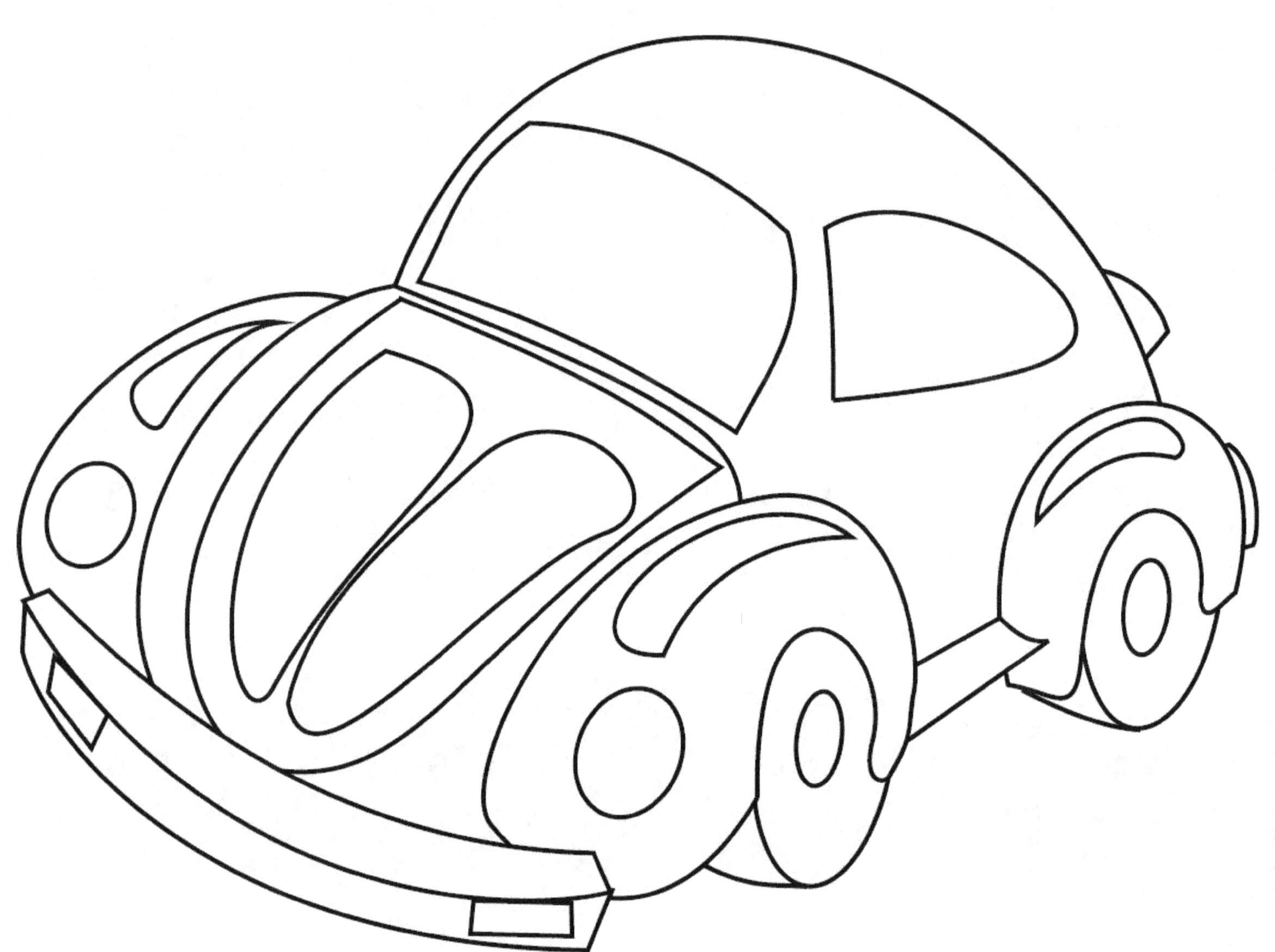

Faites Correspondre les Animaux avec leur Nom

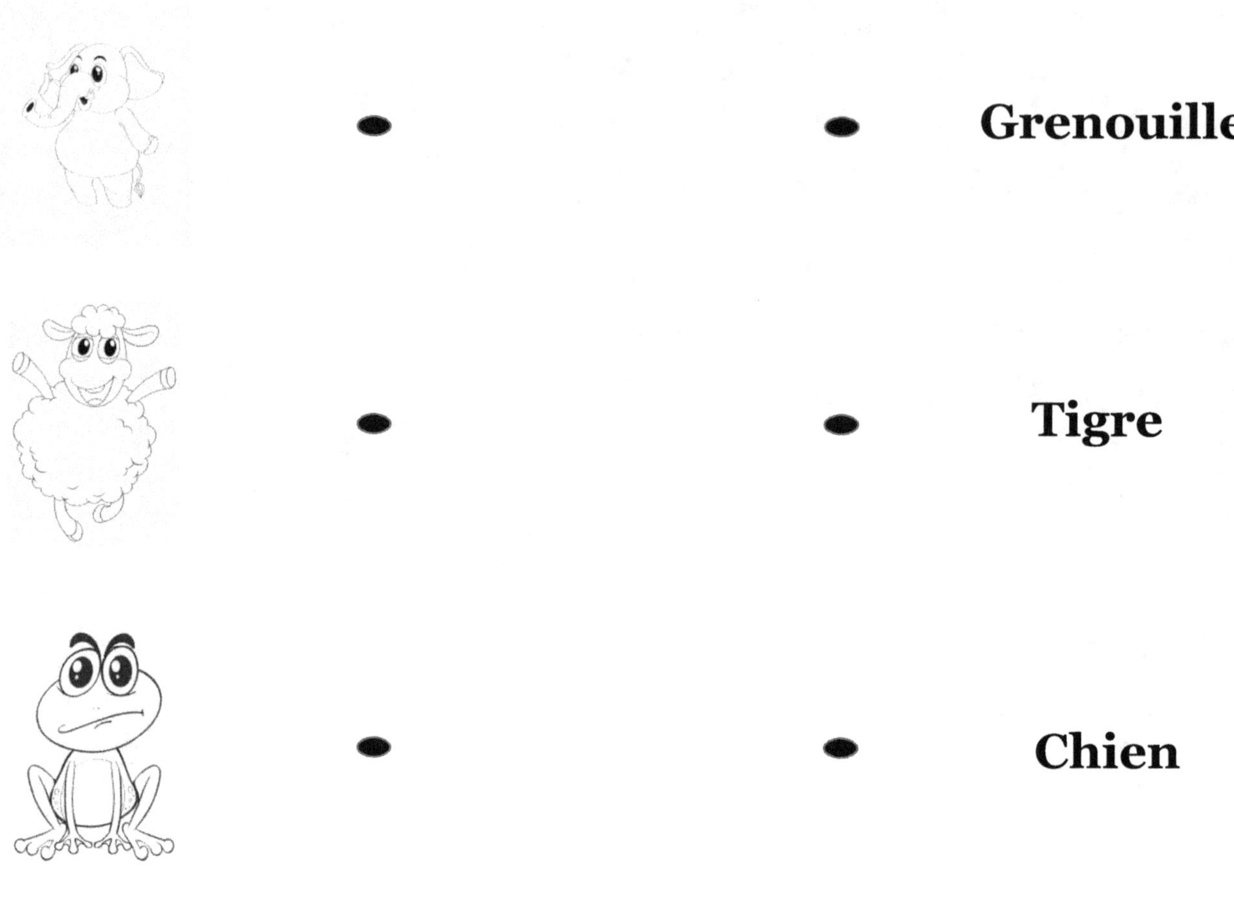

Grenouille

Tigre

Chien

Mouton

Élephant

c	h	i	m	p	a	n	z	é
h	c	h	i	o	t	p	g	f
i	o	g	r	u	s	o	g	p
e	b	k	z	s	q	i	h	o
n	r	h	z	s	x	s	c	u
n	a	l	s	i	w	s	o	l
e	f	m	w	n	c	o	q	a
c	h	a	t	t	e	n	r	i
s	d	n	p	o	u	l	e	n
d	g	d	c	x	w	v	n	w

TROUVEZ CES MOTS:	chatte	poisson
	poulain	chienne
	chimpanzé	cobra
	chiot	poussin
	poule	coq

Trouver et Colorez la bonne Réponse

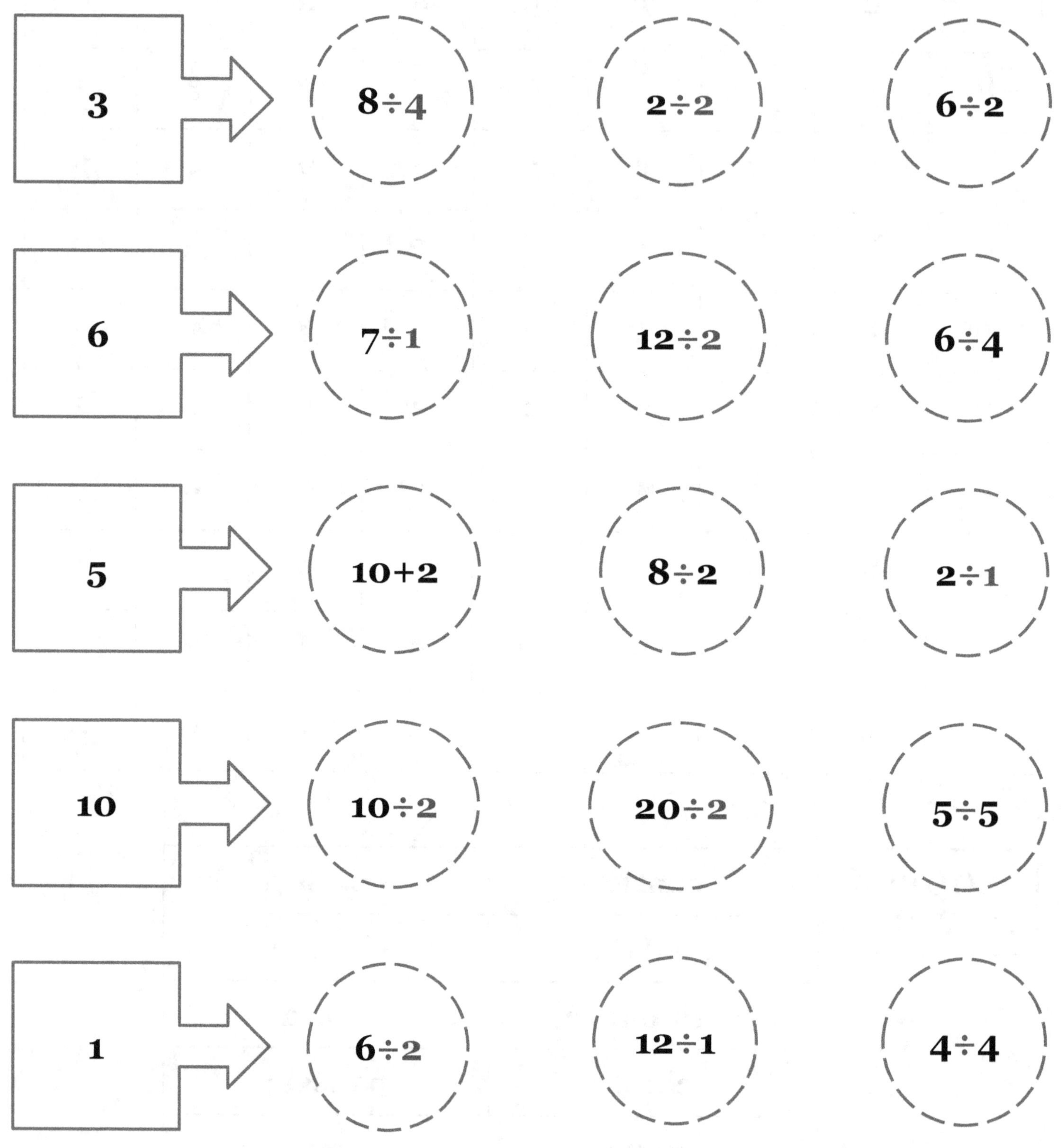

Faites Correspondre les Animaux avec leur Nom

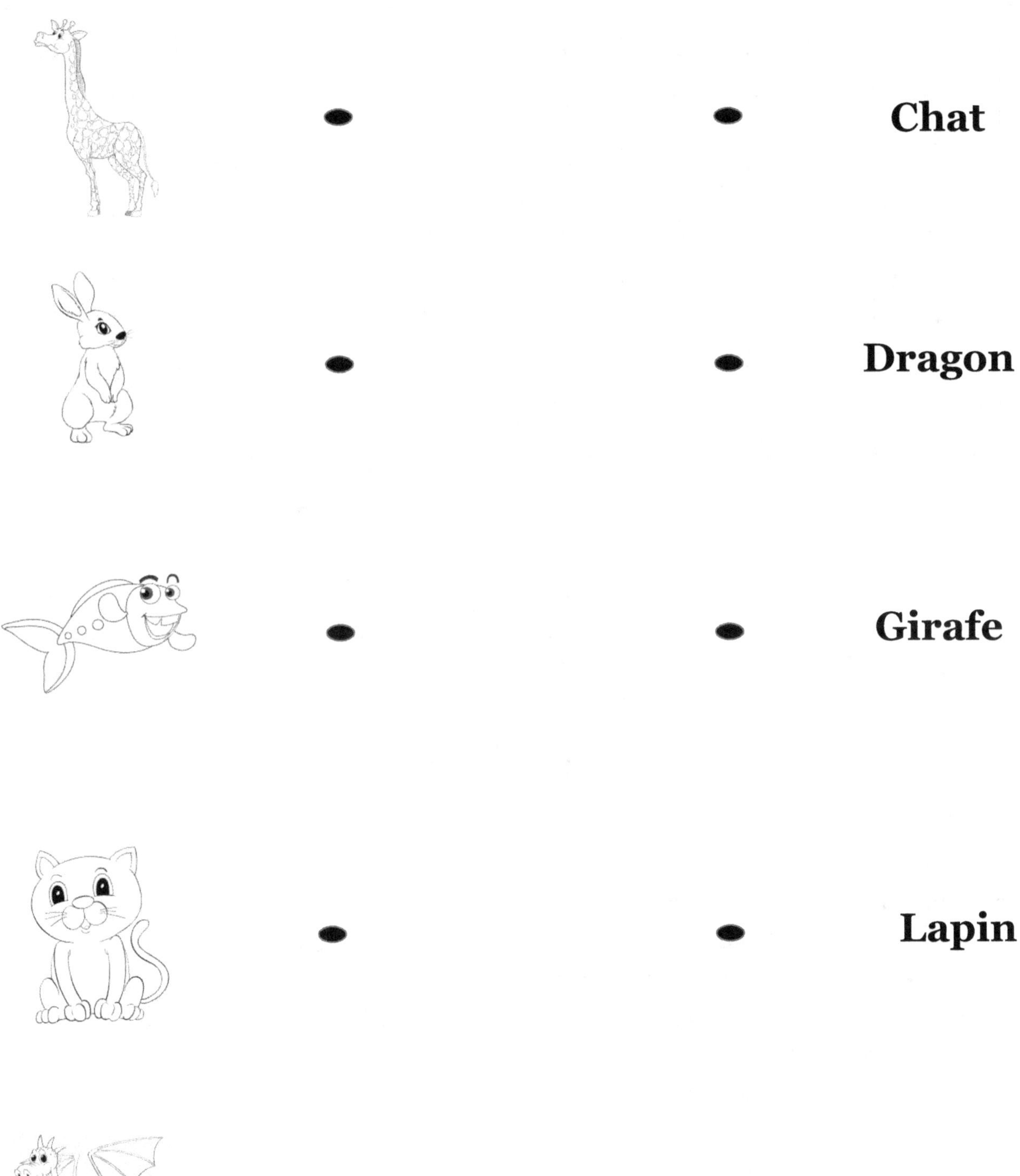

Chat

Dragon

Girafe

Lapin

Poisson

c	a	n	e	t	o	n	x	c
r	c	d	a	u	p	h	i	n
o	t	u	f	a	u	c	o	n
c	h	e	v	a	l	v	n	x
o	z	e	r	s	d	w	c	w
d	é	c	u	r	e	u	i	l
i	v	b	d	r	a	g	o	n
l	b	r	e	b	i	s	i	y
e	d	c	h	è	v	r	e	u
é	l	é	p	h	a	n	t	e

TROUVEZ CES MOTS:	crocodile	écureuil
	dauphin	cheval
	faucon	caneton
	dragon	éléphante
	brebis	*chèvre*

Trouver et Colorez la bonne Réponse

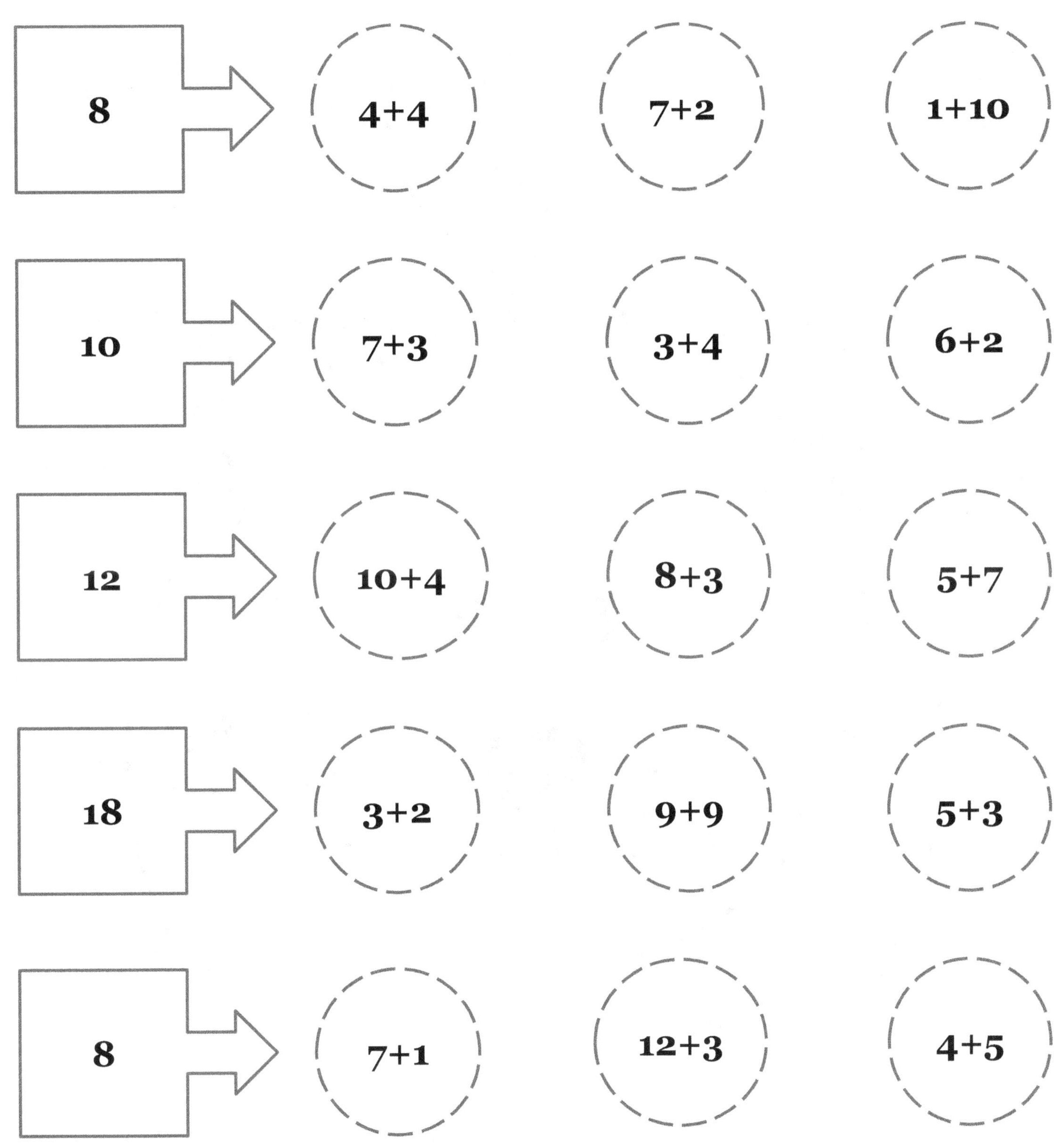

Faites Correspondre les Animaux
avec leur Nom

Papillon

Singe

Loup

Grenouille

Gazelle

k	v	c	h	i	e	n	c	v
a	g	n	e	a	u	x	n	b
n	g	l	i	o	n	n	e	b
g	a	a	n	w	l	o	u	p
o	z	p	s	x	v	r	c	g
u	e	i	e	c	a	e	o	h
r	d	n	c	b	c	z	c	t
o	c	v	t	n	h	a	h	y
u	x	w	e	j	e	h	o	u
h	b	o	u	c	p	o	n	i

TROUVEZ CES MOTS:	insecte	*bouc*
	lapin	kangourou
	chien	lionne
	loup	agneau
	vache	*cochon*

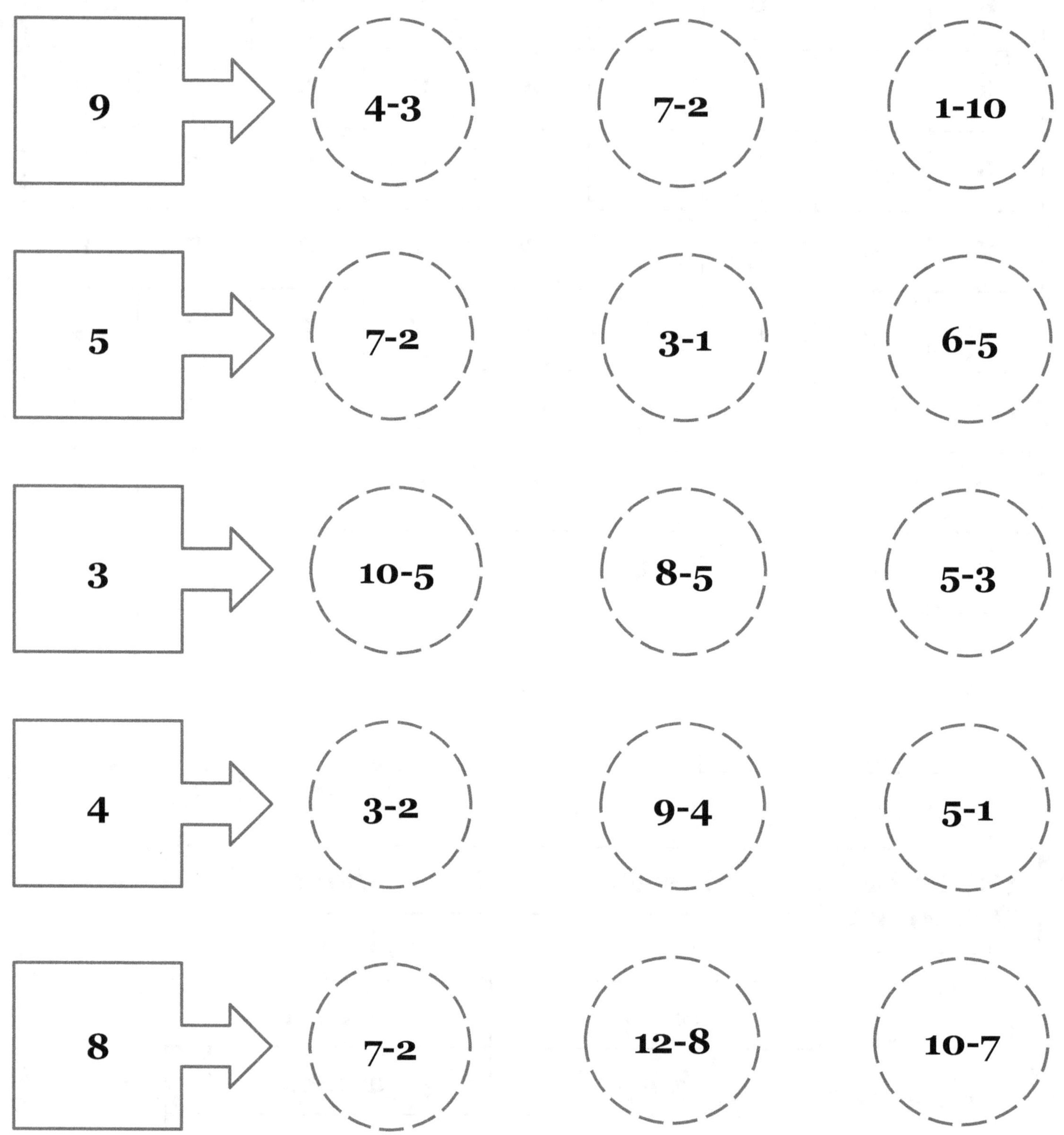

Trouver et Colorez la bonne Réponse

9   4-3   7-2   1-10
5   7-2   3-1   6-5
3   10-5   8-5   5-3
4   3-2   9-4   5-1
8   7-2   12-8   10-7

Faites Correspondre les Animaux
avec leur Nom

●   ● Lion

●   ● Phoque

●   ● Poisso
n

●   ● Poulet

●   ● Tortue

p	e	r	r	o	q	u	e	t
o	é	w	x	c	c	v	b	o
i	q	l	n	b	h	v	p	i
s	s	d	i	a	e	w	a	s
s	g	f	j	c	v	x	n	e
o	u	r	s	k	a	c	d	a
n	o	p	m	l	l	n	a	u
i	p	h	o	q	u	e	u	y
l	o	u	v	e	z	e	r	t
k	m	o	u	t	o	n	v	n

TROUVEZ CES MOTS:	louve	oiseau
	ours	cheval
	mouton	panda
	pélican	perroquet
	poisson	phoque

Trouver et Colorez la bonne Réponse

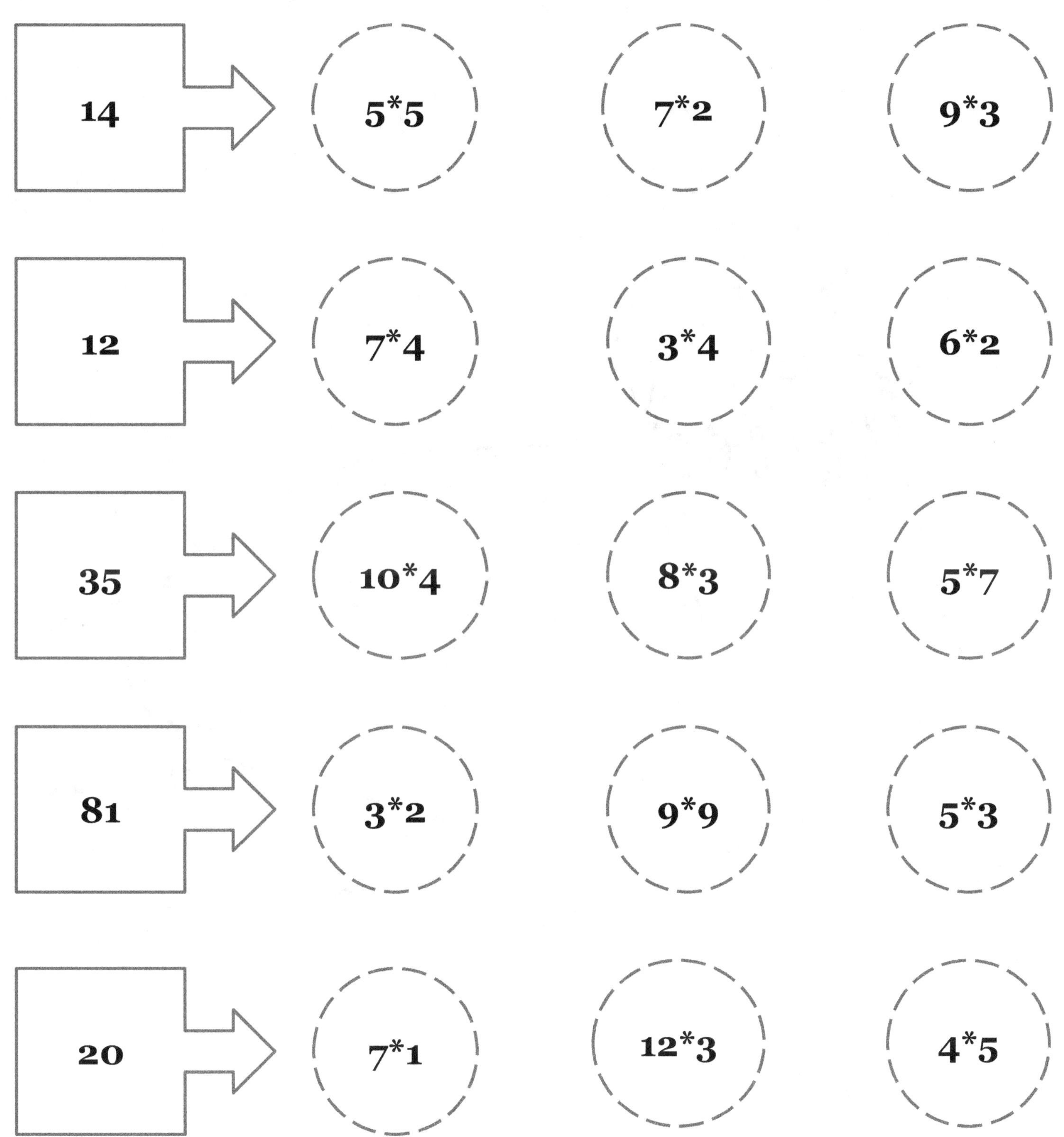

Faites Correspondre les Animaux avec leur Nom

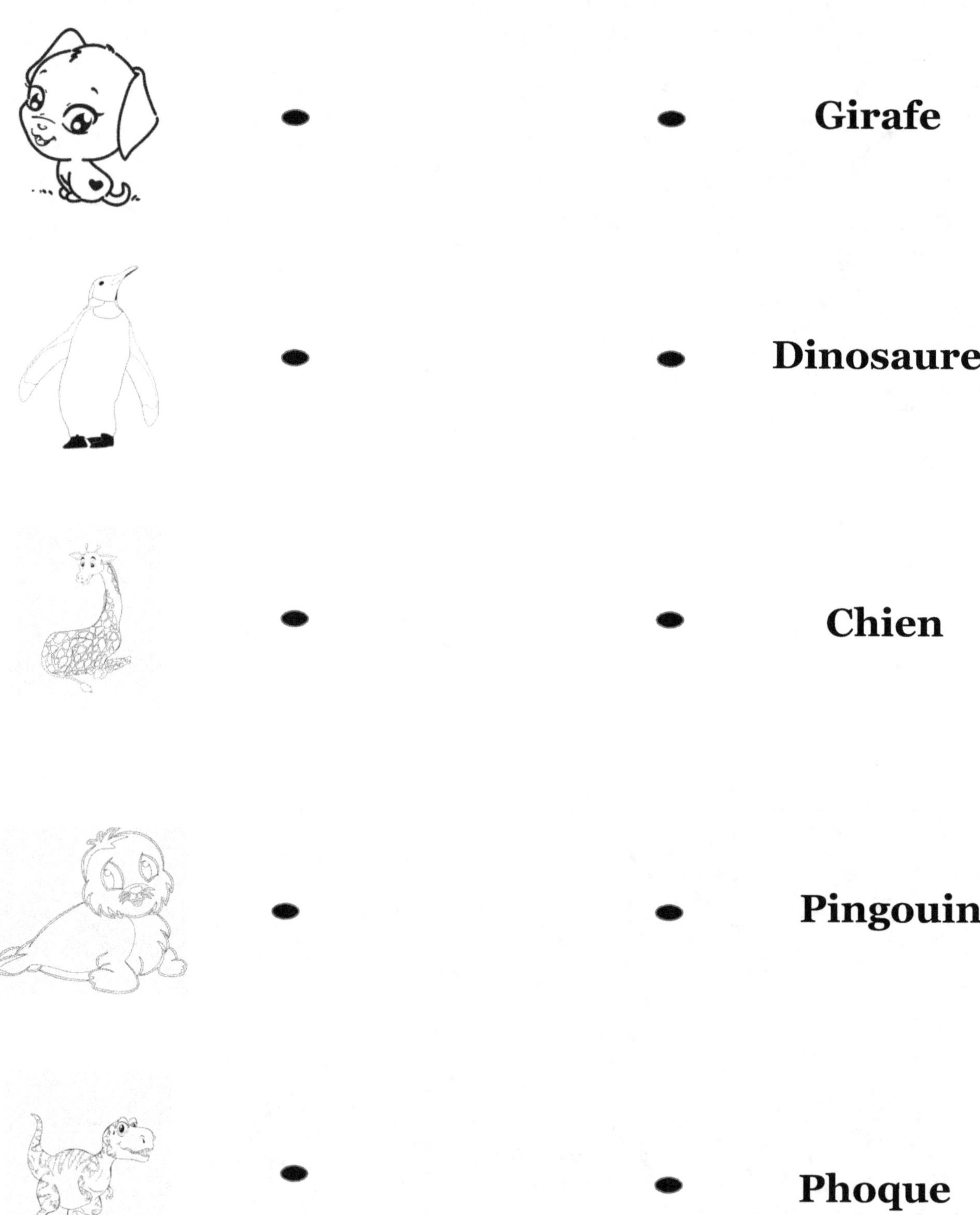

a	r	a	i	g	n	é	e	o
b	a	r	e	n	a	r	d	u
e	v	z	e	t	u	i	o	r
i	e	d	t	i	g	r	e	s
l	a	p	i	n	r	t	o	e
l	u	q	s	d	c	o	u	p
e	q	s	e	r	p	e	n	t
f	o	u	r	m	i	g	h	j
w	c	x	v	b	n	m	l	k
d	f	g	r	e	q	u	i	n

TROUVEZ CES MOTS:	renard	serpent
	requin	lapine
	ourse	veau
	tigre	abeille
	araignée	fourmi

Trouver et Colorez la bonne Réponse

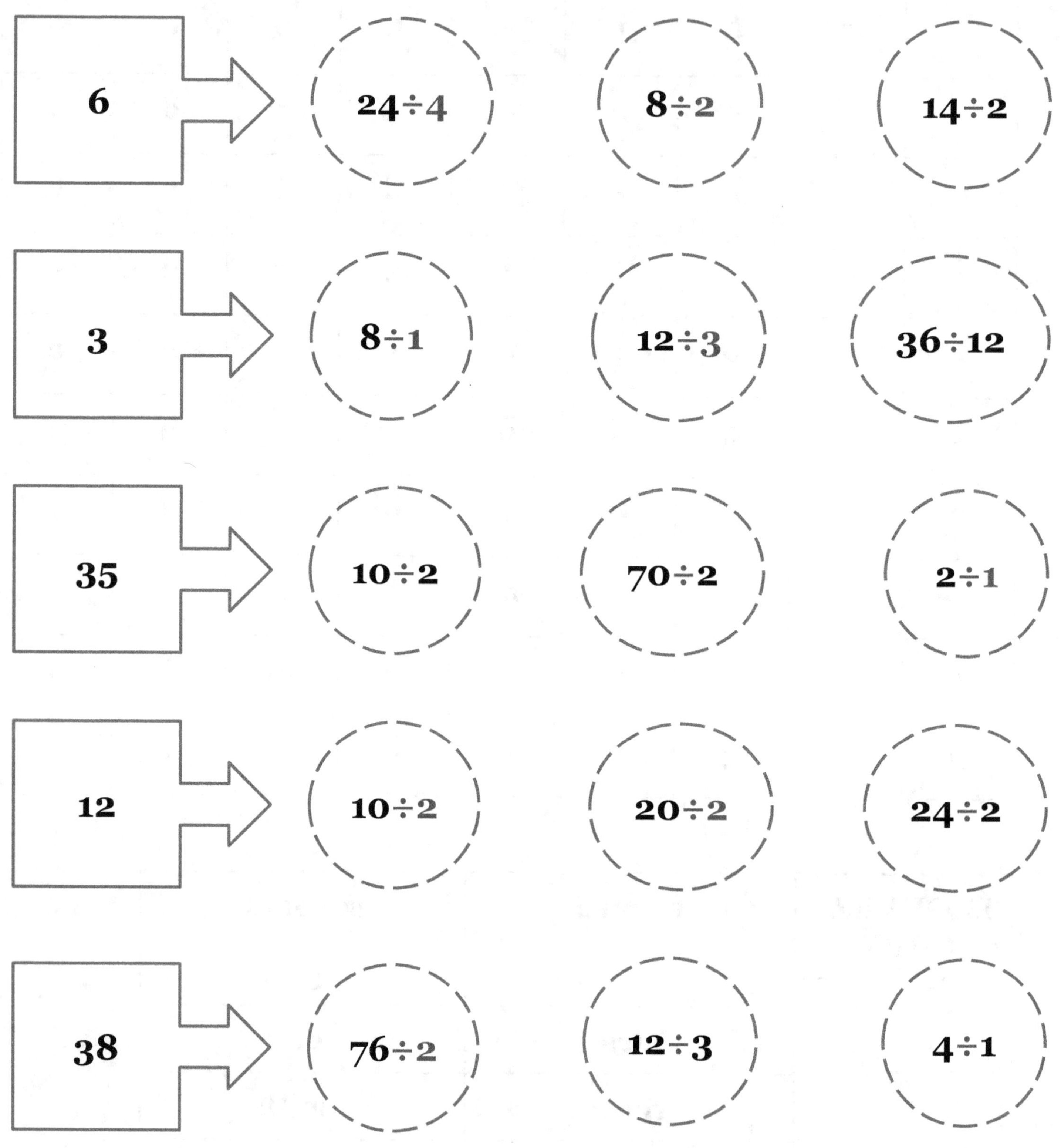

Faites Correspondre les Animaux
avec leur Nom

●   ● **Poulet**

●   ● **Dinosaure**

●   ● **Chien**

●   ● **Oiseau**

●   ● **Cochon**

g	o	r	i	l	l	e	w	p
r	h	m	o	u	c	h	e	a
e	i	t	b	v	s	c	x	p
n	b	a	l	e	i	n	e	i
o	o	u	n	q	n	s	d	l
u	u	r	a	t	g	h	f	l
i	t	e	o	p	e	j	g	o
l	y	a	i	m	l	l	k	n
l	f	u	d	s	q	z	f	d
e	é	c	u	r	e	u	i	l

TROUVEZ CES MOTS:	hibou	écureuil
	grenouille	taureau
	rat	papillon
	mouche	singe
	gorille	baleine

Trouver et Colorez la bonne Réponse

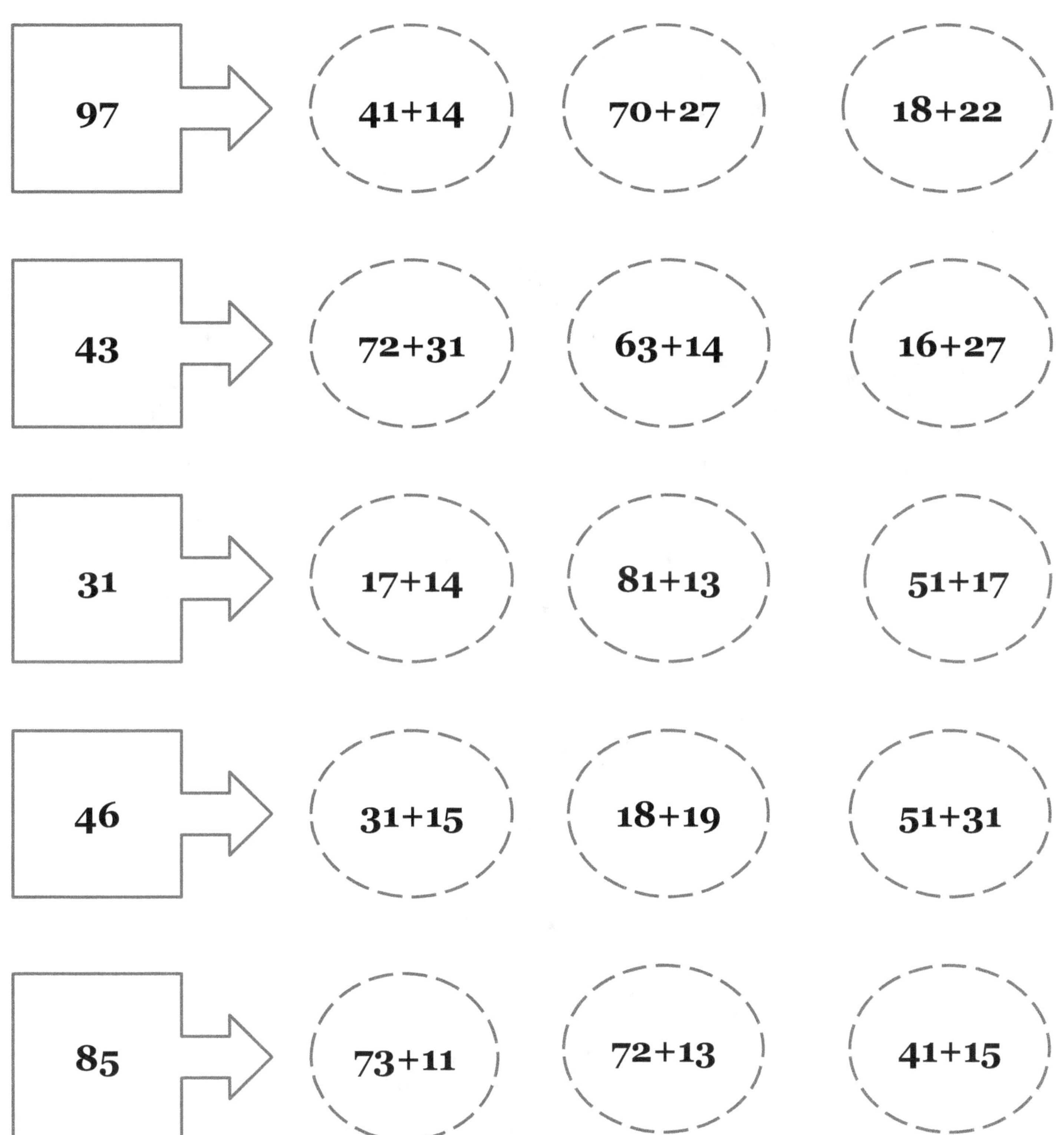

Faites Correspondre les Animaux
avec leur Nom

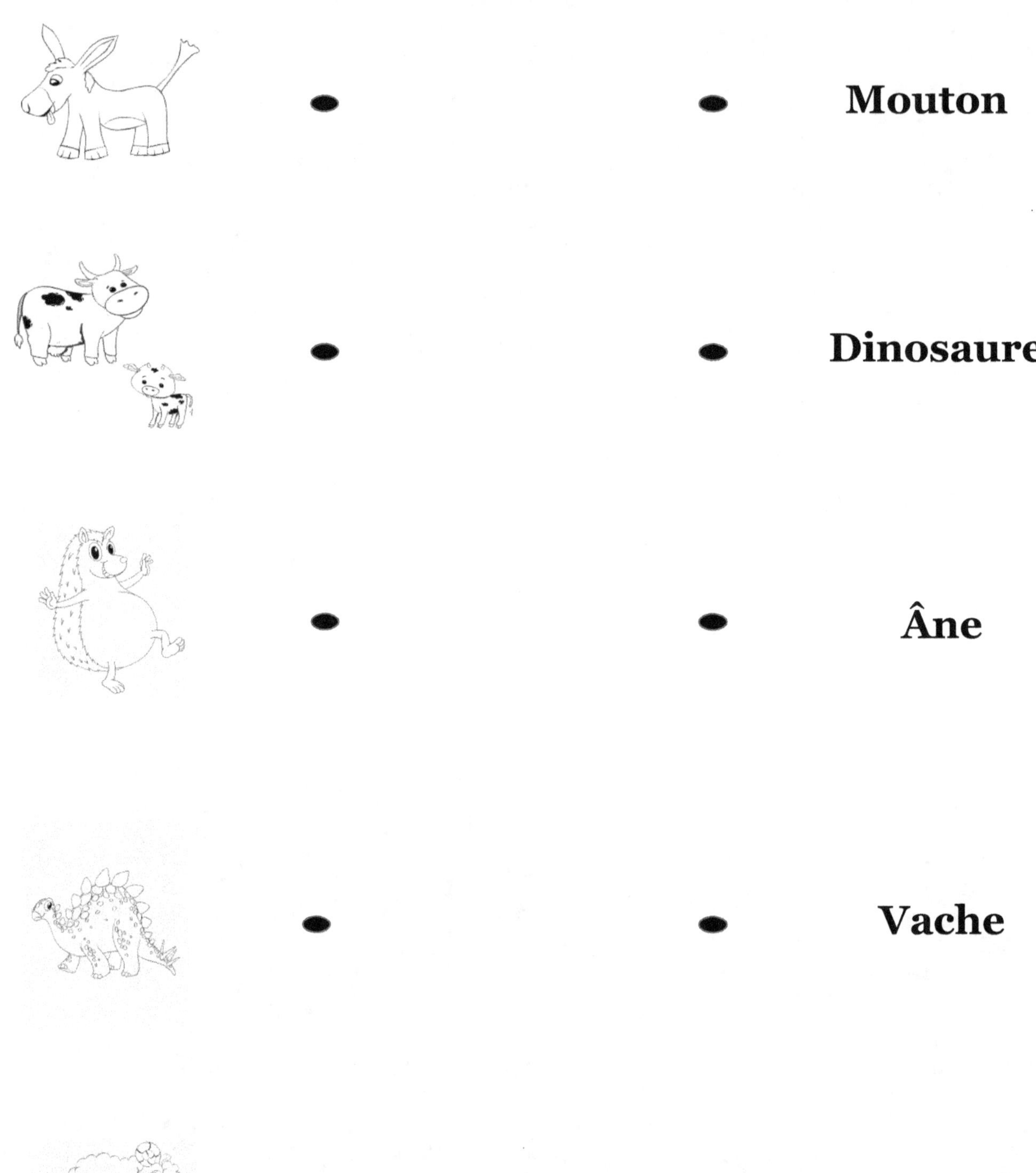

m	o	u	s	t	i	q	u	e
g	i	r	a	f	e	c	v	v
w	p	e	u	x	s	s	n	c
l	o	q	v	a	c	o	b	j
é	u	u	a	i	a	u	l	k
z	l	i	g	g	r	r	l	i
a	e	n	e	l	g	i	o	i
r	q	s	d	e	o	s	u	h
d	q	g	s	d	t	f	p	g
q	d	d	h	j	k	l	m	p

TROUVEZ CES MOTS:	girafe	loup
	souris	aigle
	escargot	requin
	moustique	lézard
	poule	sauvage

Faites Correspondre les Animaux
avec leur Nom

g	t	i	g	r	e	s	s	e
i	o	a	v	a	c	h	e	w
r	r	q	e	l	m	n	t	d
a	t	w	a	k	p	b	r	i
f	u	z	u	u	o	o	u	n
e	e	x	t	j	u	u	i	d
e	r	s	r	h	l	i	t	o
a	e	c	f	g	p	o	e	n
u	s	c	h	i	e	n	p	t
v	t	o	r	t	u	e	e	r

TROUVEZ CES MOTS:	chien	poulpe
	truite	tortue
	girafeau	tigresse
	dindon	veau
	chien	vache

Faites Correspondre les Animaux avec leur Nom

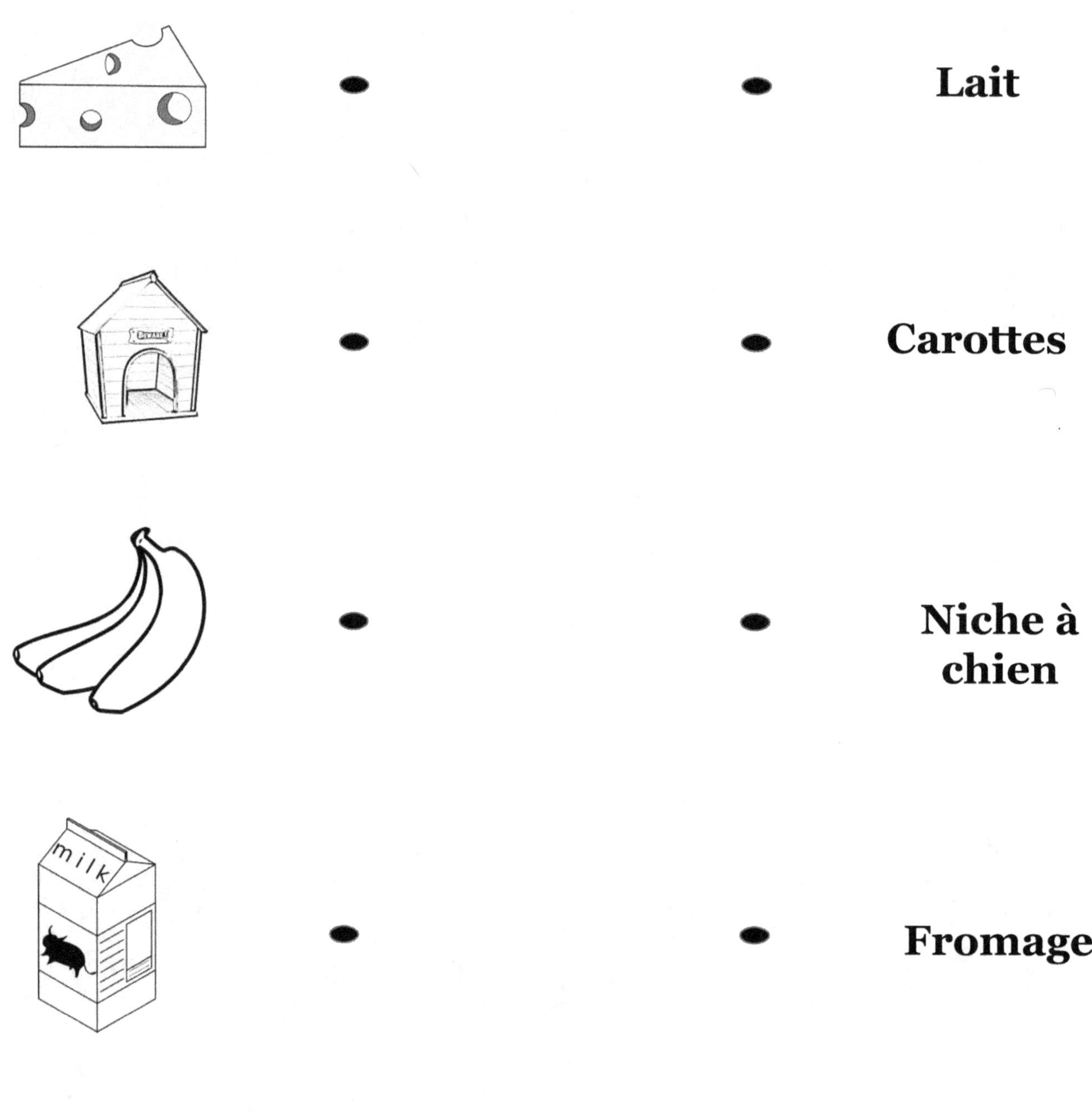

a	c	z	e	p	r	c	t	y
s	a	n	g	l	i	e	r	u
w	s	e	t	u	u	r	o	i
a	t	c	x	m	c	f	v	b
n	o	v	b	e	r	g	e	r
i	r	m	e	l	k	c	j	n
m	o	p	c	a	n	a	r	d
a	i	u	y	t	r	g	e	z
l	j	h	g	f	d	e	s	a
k	p	o	u	s	s	i	n	q

TROUVEZ CES MOTS:	castor	bec
	berger	animal
	sanglier	cage
	cerf	poussin
	plume	canard

Faites Correspondre les Animaux
avec leur Nom

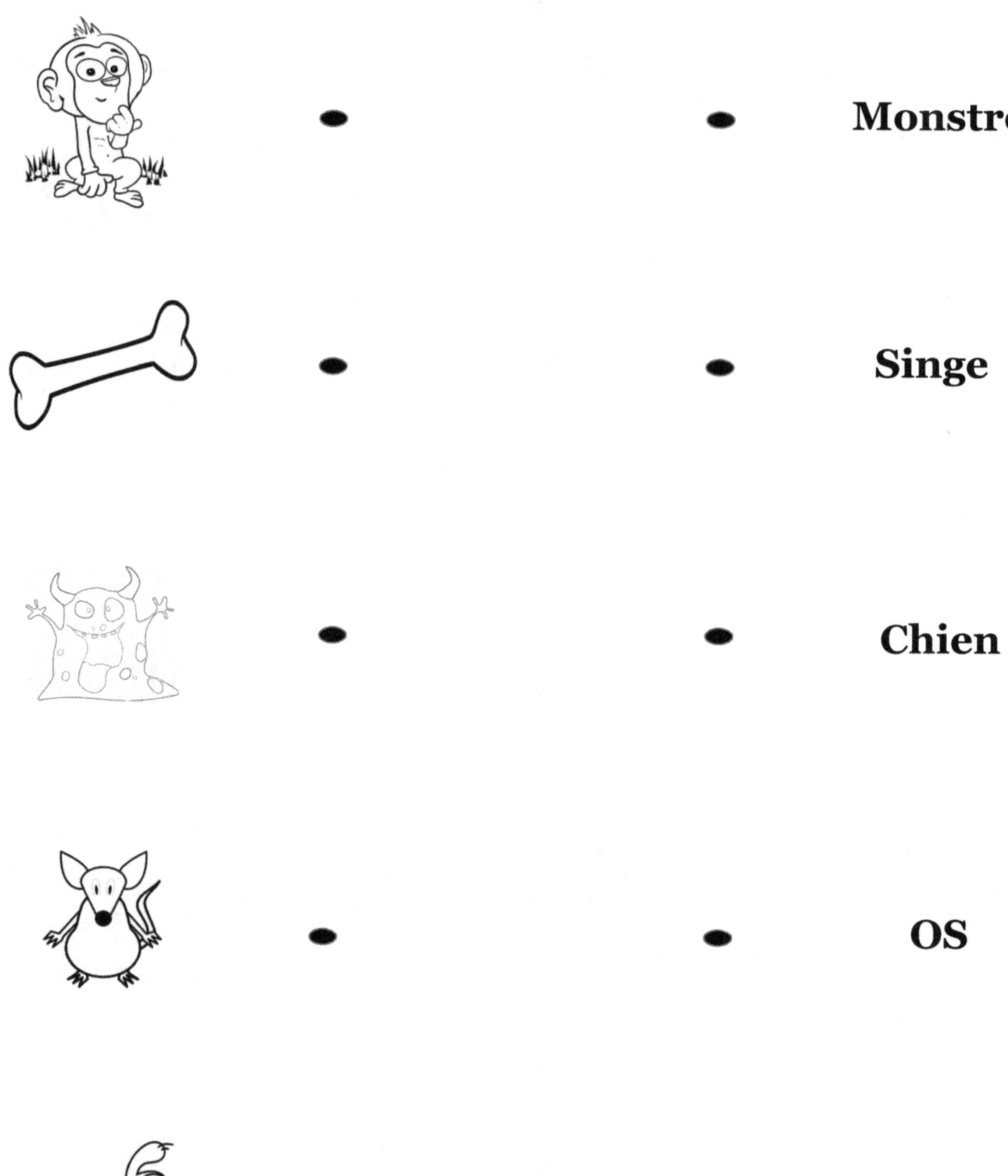

Monstre

Singe

Chien

OS

Souris

a	e	r	o	t	r	y	u	i
z	a	l	i	m	e	n	t	o
q	i	a	e	m	n	p	p	a
h	g	i	k	l	a	y	o	g
é	l	s	j	h	r	t	u	n
r	e	s	d	g	d	e	l	e
o	s	e	d	f	d	z	a	a
n	q	c	o	r	n	e	i	u
w	c	v	b	n	k	l	n	j
x	l	i	è	v	r	e	l	k

TROUVEZ CES MOTS:	aigle	aliment
	renard	poulain
	lièvre	oie
	corne	héron
	laisse	agneau

Faites Correspondre les Animaux avec leur Nom

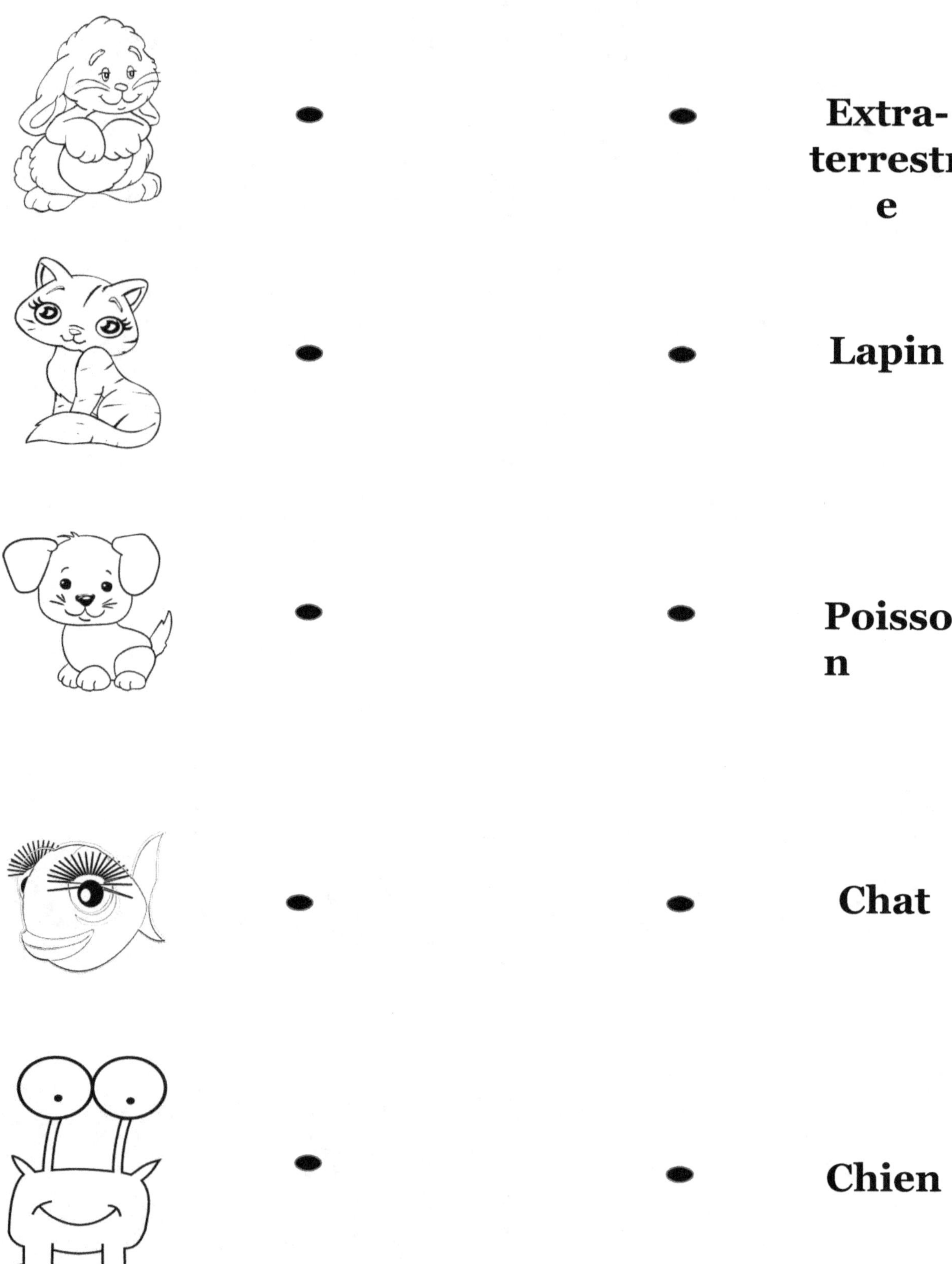

Extra-terrestre

Lapin

Poisson

Chat

Chien

p	w	x	p	c	v	b	n	z
i	é	l	é	p	h	a	n	t
g	m	a	l	a	l	n	i	d
e	u	s	i	o	k	i	m	l
o	s	d	c	n	j	m	u	s
n	e	c	a	h	g	a	h	i
t	a	v	n	f	d	u	i	n
y	u	b	n	q	s	x	b	g
r	h	o	m	a	r	d	o	e
e	z	a	s	d	f	v	u	s

TROUVEZ CES MOTS:	homard	singe
	nid	museau
	animaux	hibou
	pigeon	paon
	éléphant	pélican

Faites Correspondre les Animaux
avec leur Nom

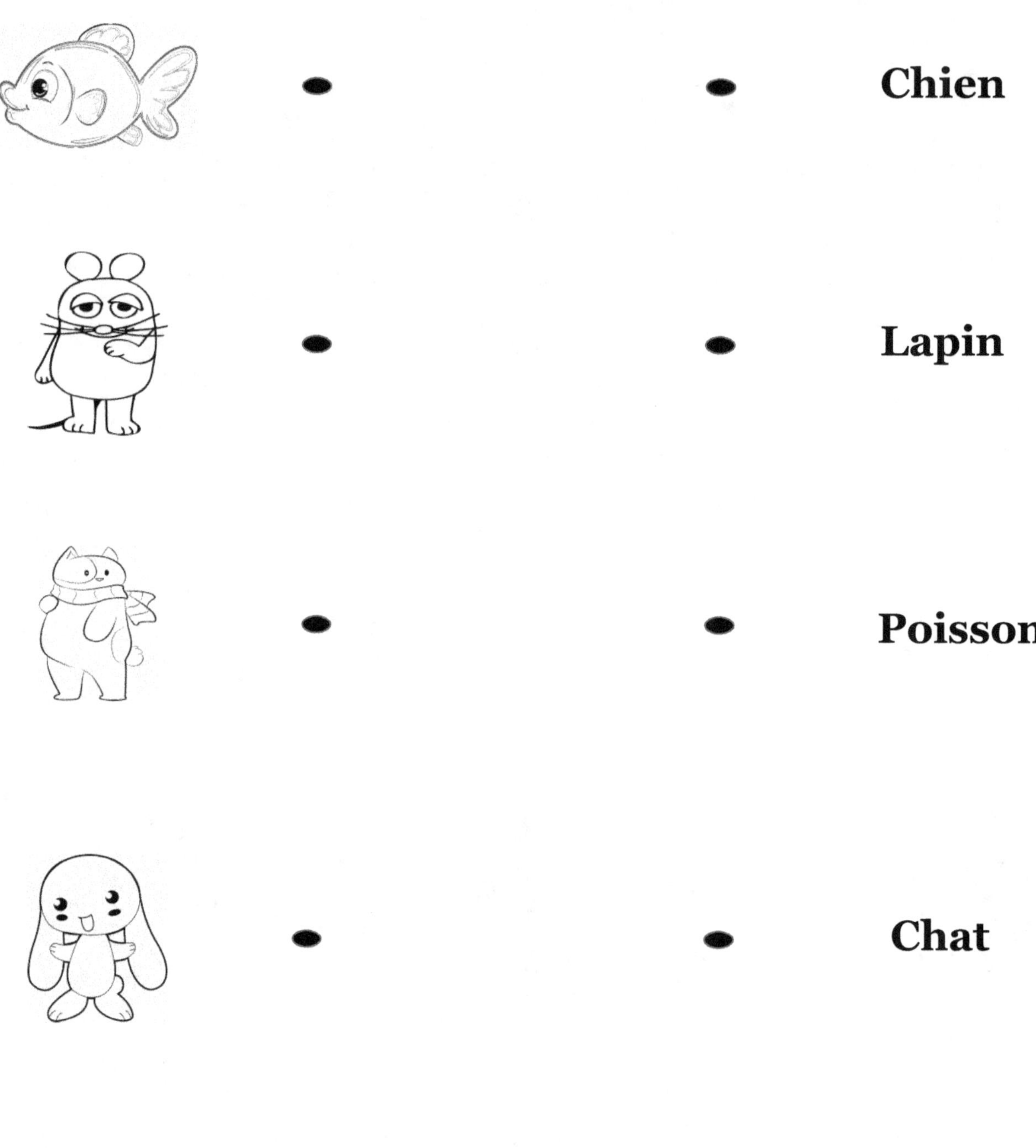

Chien

Lapin

Poisson

Chat

Souris

a	m	o	u	e	t	t	e	g
d	i	n	d	e	e	d	f	c
i	z	p	h	o	q	u	e	i
n	c	o	q	u	y	t	n	g
o	y	o	i	l	t	o	b	o
s	g	l	p	a	r	r	v	n
a	n	g	h	p	e	t	c	e
u	e	d	f	i	z	u	x	x
r	s	e	z	n	a	e	s	w
e	x	m	o	u	t	o	n	q

TROUVEZ CES MOTS:	lapin	mouton
	coq	cigogne
	mouette	dinde
	phoque	tortue
	cygne	dinosaure

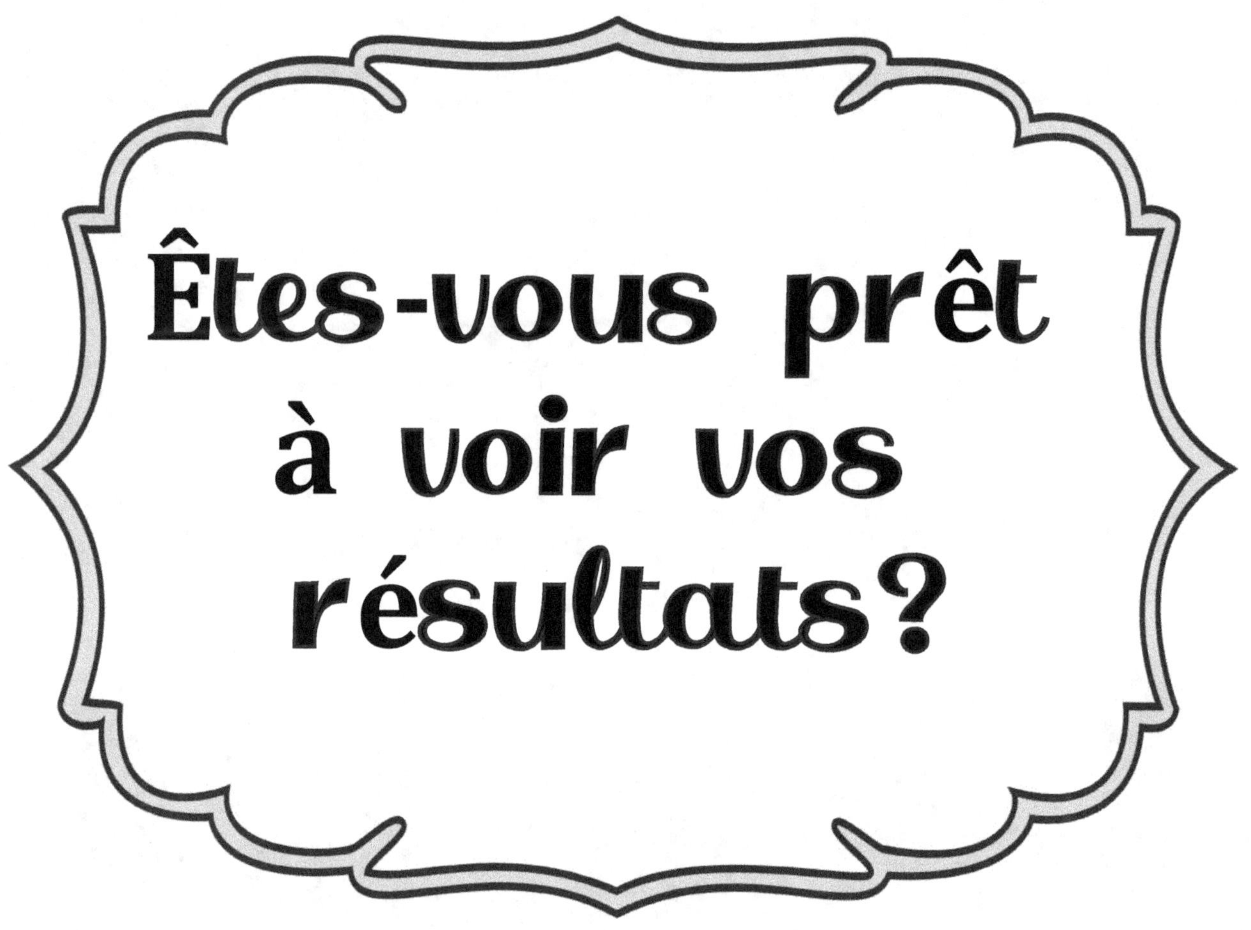

Êtes-vous prêt
à voir vos
résultats?

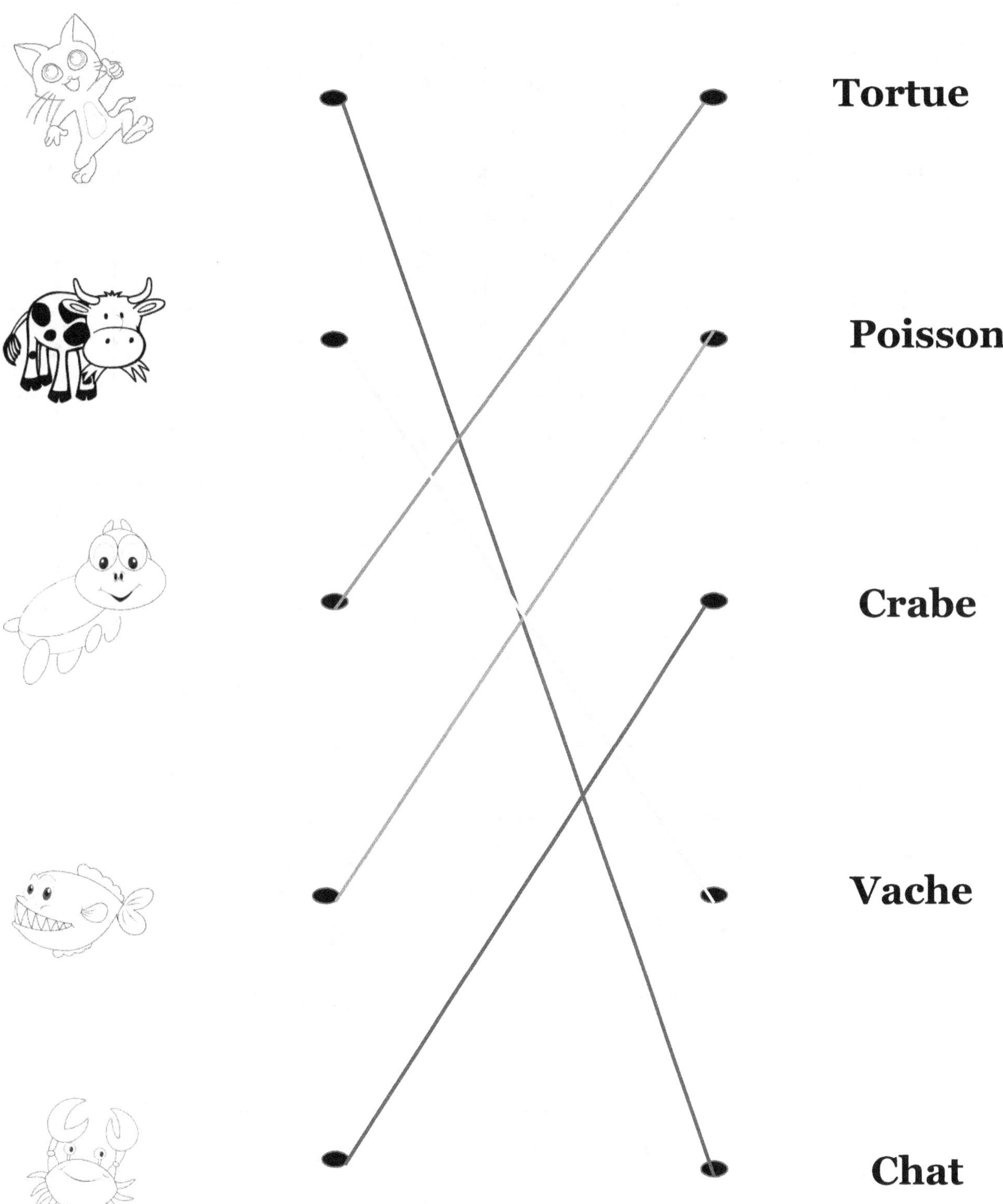

Tortue
Poisson
Crabe
Vache
Chat

p	é	l	é	p	h	a	n	t
e	c	é	a	b	g	h	k	o
r	a	z	c	h	a	t	s	r
r	n	a	h	f	g	h	e	t
o	a	r	e	d	g	f	r	u
q	r	d	v	e	z	d	p	e
u	i	m	a	t	y	u	e	n
e	l	m	l	a	p	i	n	b
t	o	i	s	e	a	u	t	c
k	j	h	r	e	s	q	w	x

TROUVEZ CES MOTS:	cheval	serpent
	lézard	lapin
	tortue	éléphant
	canari	perroquet
	oiseau	chat

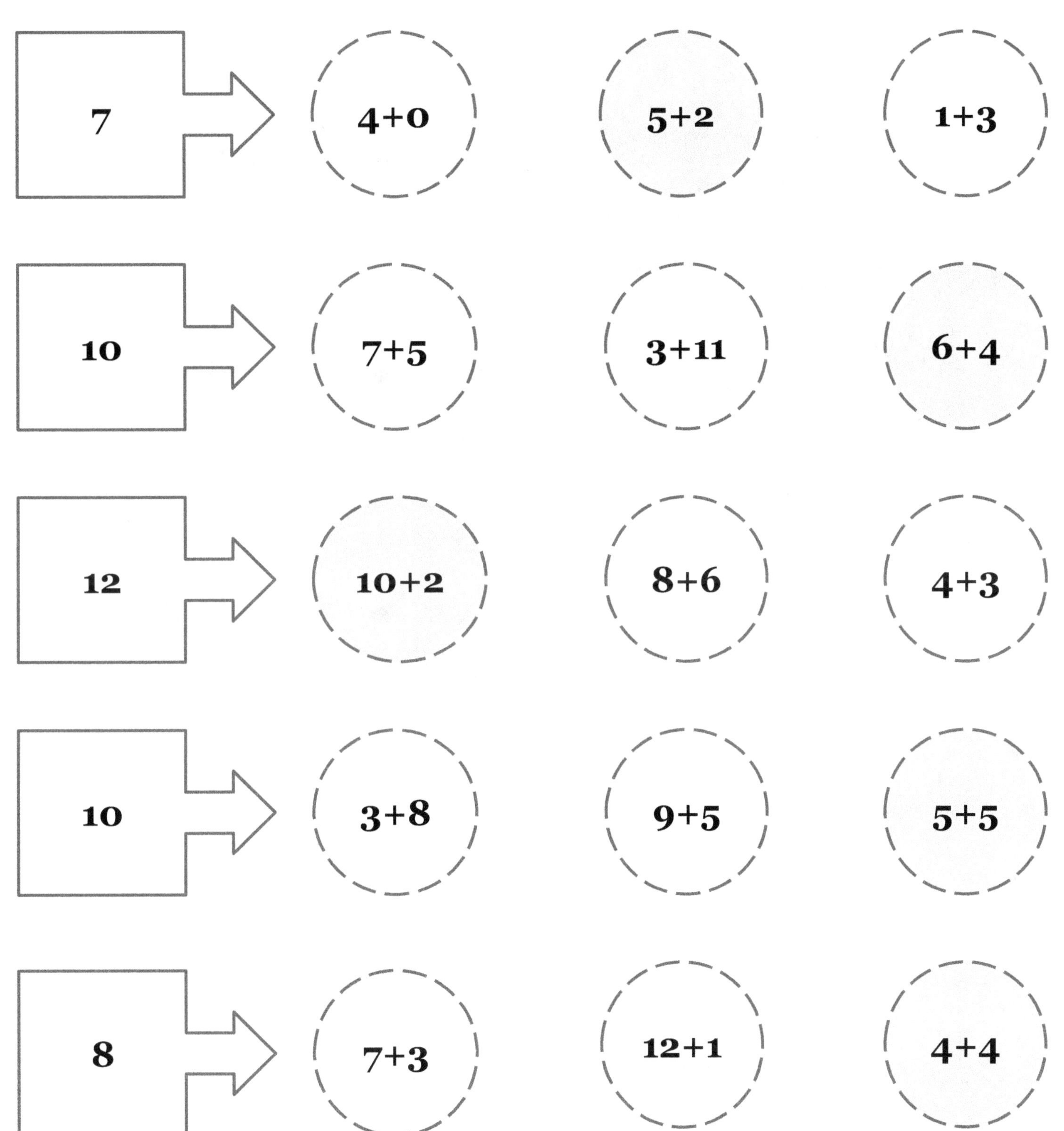

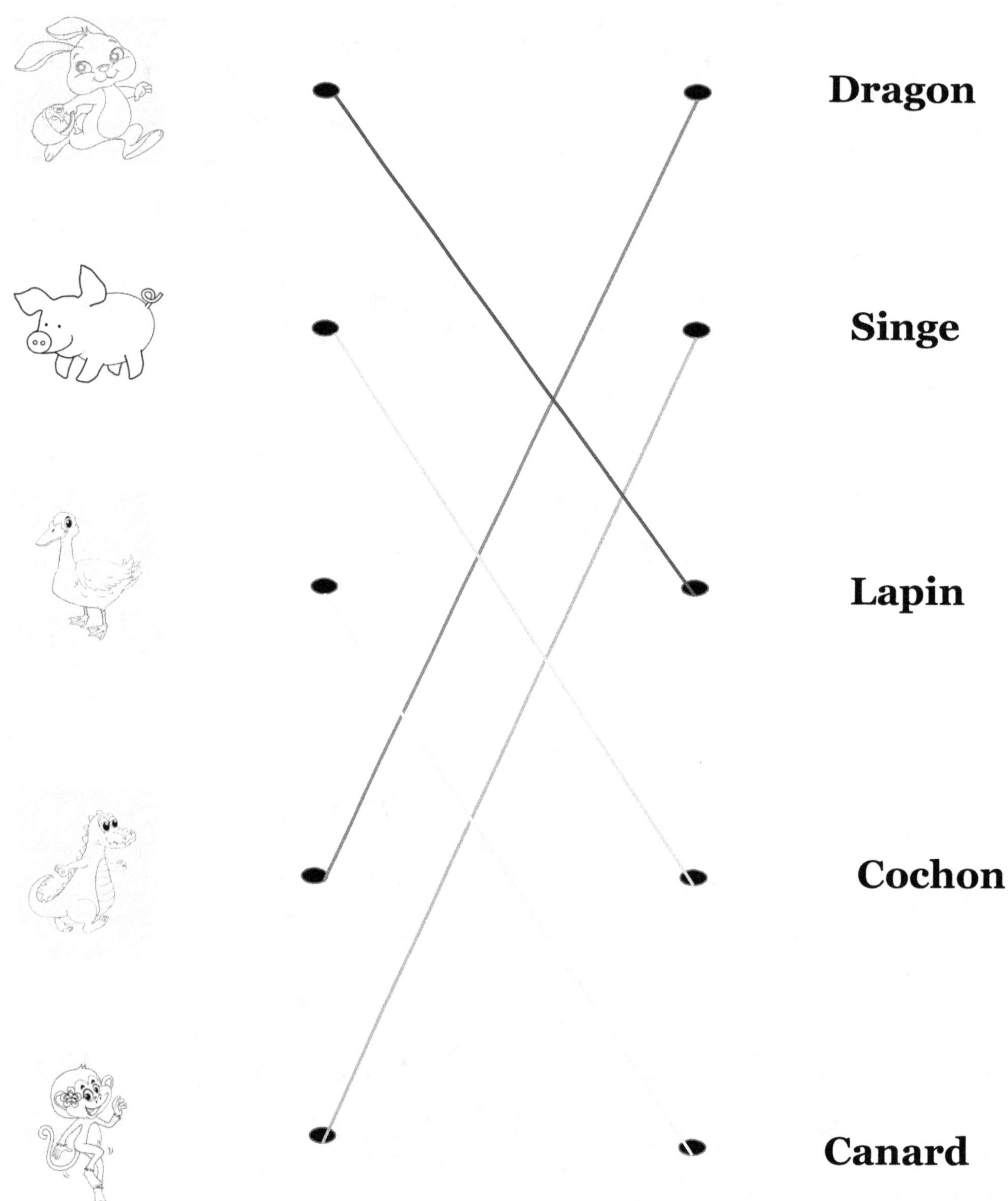

Dragon
Singe
Lapin
Cochon
Canard

c	h	è	v	r	e	â	ñ	e
a	p	g	a	h	k	l	m	m
n	o	d	c	o	c	h	o	n
a	u	ç	h	é	o	y	y	i
r	l	v	e	m	q	g	g	p
d	e	b	k	j	h	f	d	o
b	t	o	r	t	u	e	y	i
v	n	x	c	w	c	n	j	k
r	t	m	o	u	t	o	n	r
c	h	a	t	o	n	a	z	e

TROUVEZ CES MOTS:	chaton	tortue
	poulet	coq
	canard	mouton
	âne	vache
	chèvre	cochon

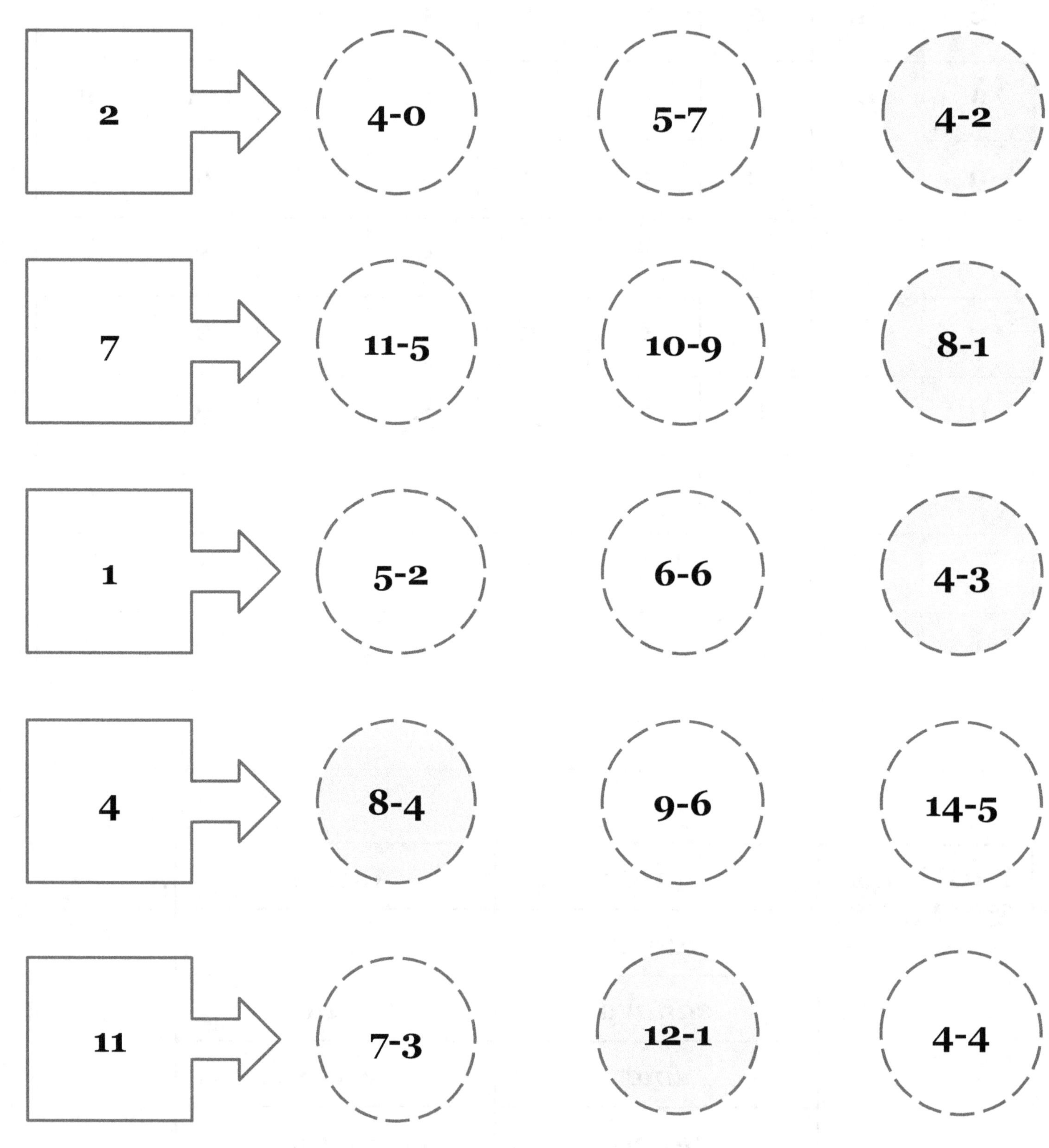

2
4-0
5-7
4-2
7
11-5
10-9
8-1
1
5-2
6-6
4-3
4
8-4
9-6
14-5
11
7-3
12-1
4-4

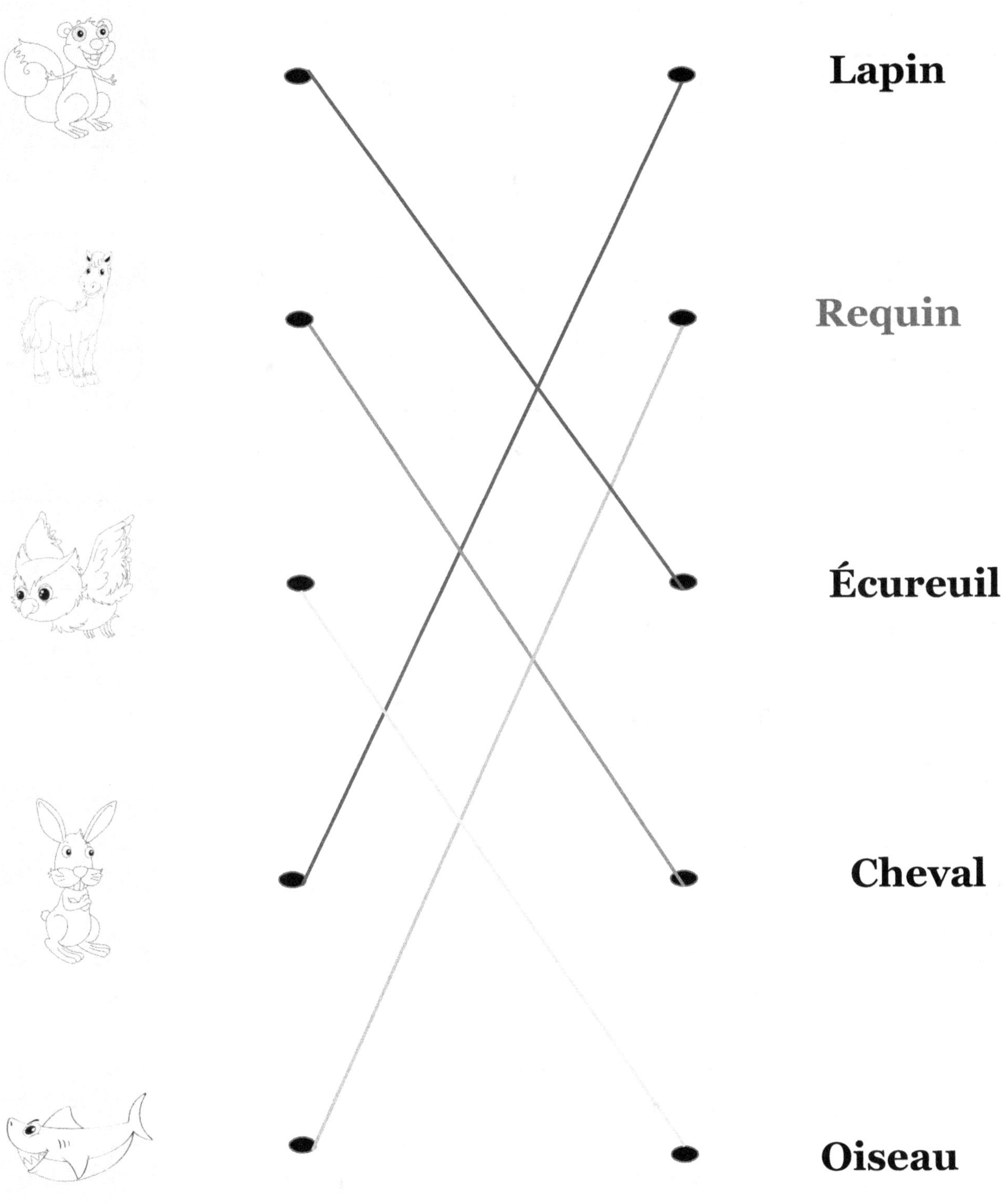

Lapin
Requin
Écureuil
Cheval
Oiseau

c	h	a	t	o	n	w	x	c
h	q	s	s	d	l	i	o	n
a	c	a	n	e	f	g	h	m
m	a	i	g	l	e	c	v	f
e	n	s	q	d	f	g	h	a
a	e	s	i	n	g	e	j	u
u	t	f	r	a	t	d	g	n
f	o	d	s	w	w	c	d	e
g	n	g	b	é	l	i	e	r
j	o	n	h	j	k	l	m	p

TROUVEZ CES MOTS:	singe	rat
	faune	aigle
	lion	cane
	chameau	chaton
	caneton	*bélier*

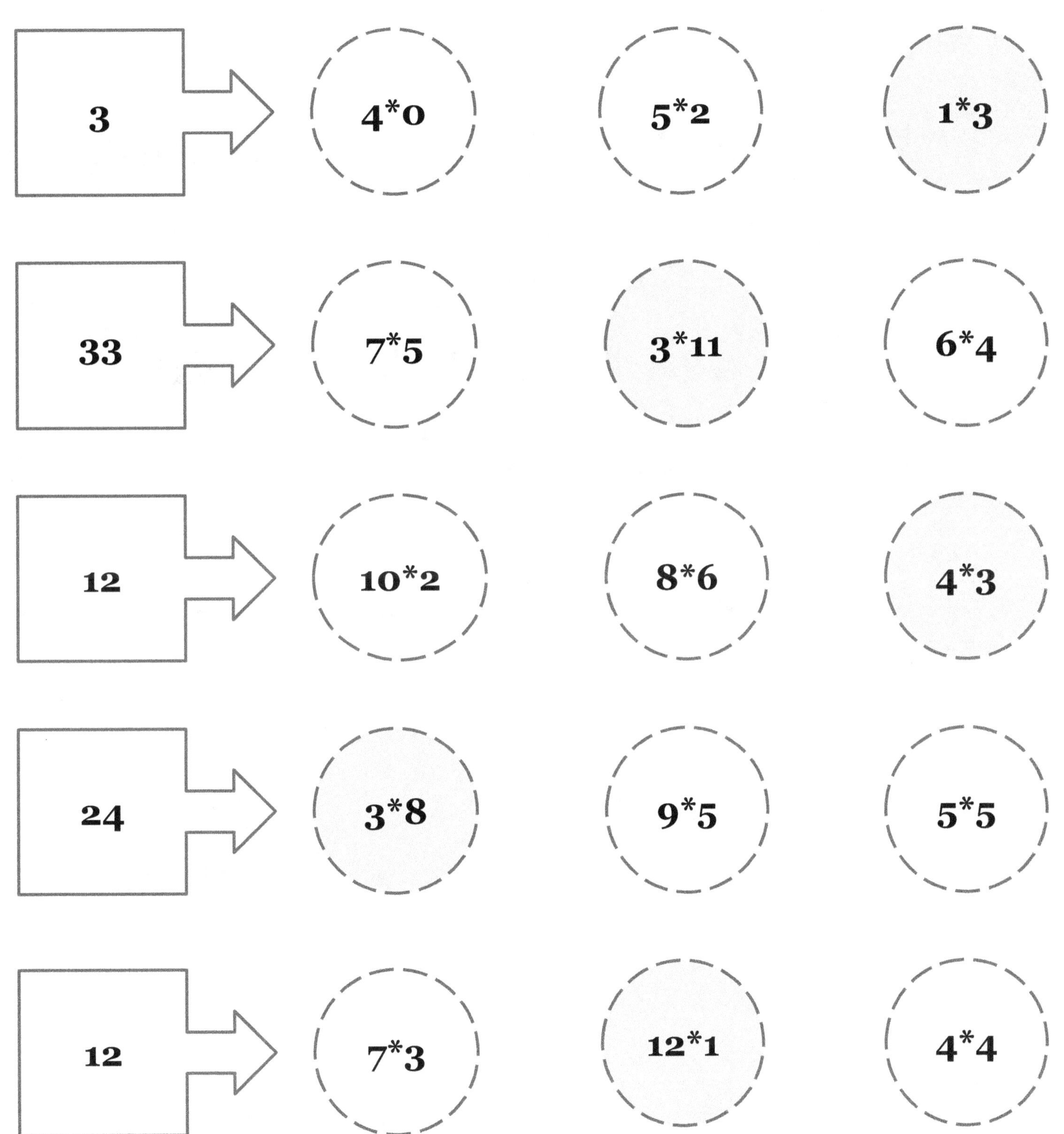

3
4*0
5*2
1*3
33
7*5
3*11
6*4
12
10*2
8*6
4*3
24
3*8
9*5
5*5
12
7*3
12*1
4*4

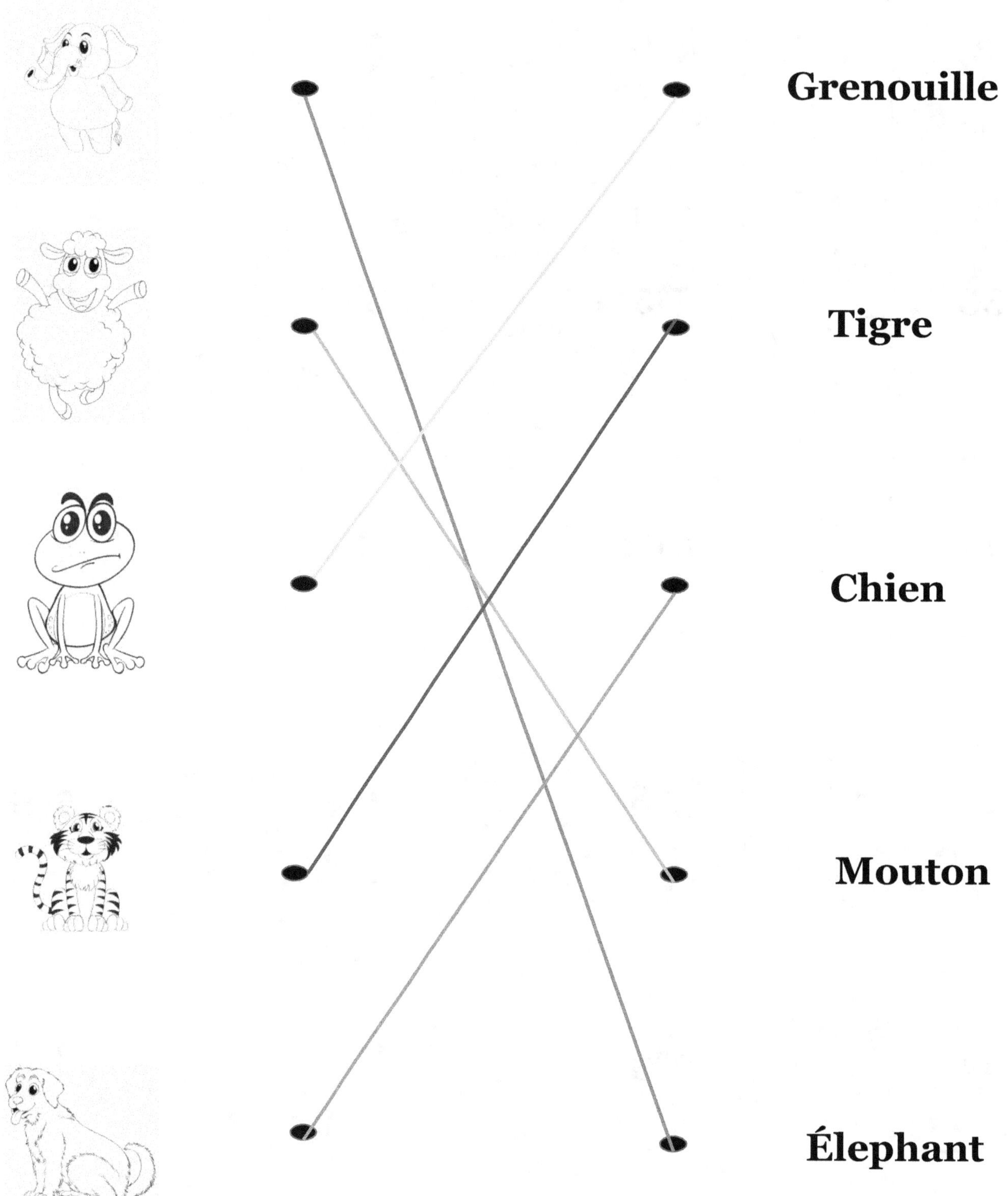

Grenouille
Tigre
Chien
Mouton
Élephant

e	h	i	m	p	a	n	z	é
h	c	h	i	o	t	p	g	f
i	o	g	r	u	s	o	g	p
e	b	k	z	s	q	i	h	o
n	r	h	z	s	x	s	c	u
n	a	l	s	i	w	s	o	l
e	f	m	w	n	c	o	q	a
c	h	a	t	t	e	n	r	i
s	d	n	p	o	u	l	e	n
d	g	d	c	x	w	v	n	w

TROUVEZ CES MOTS:	chatte	poisson
	poulain	chienne
	chimpanzé	cobra
	chiot	poussin
	poule	coq

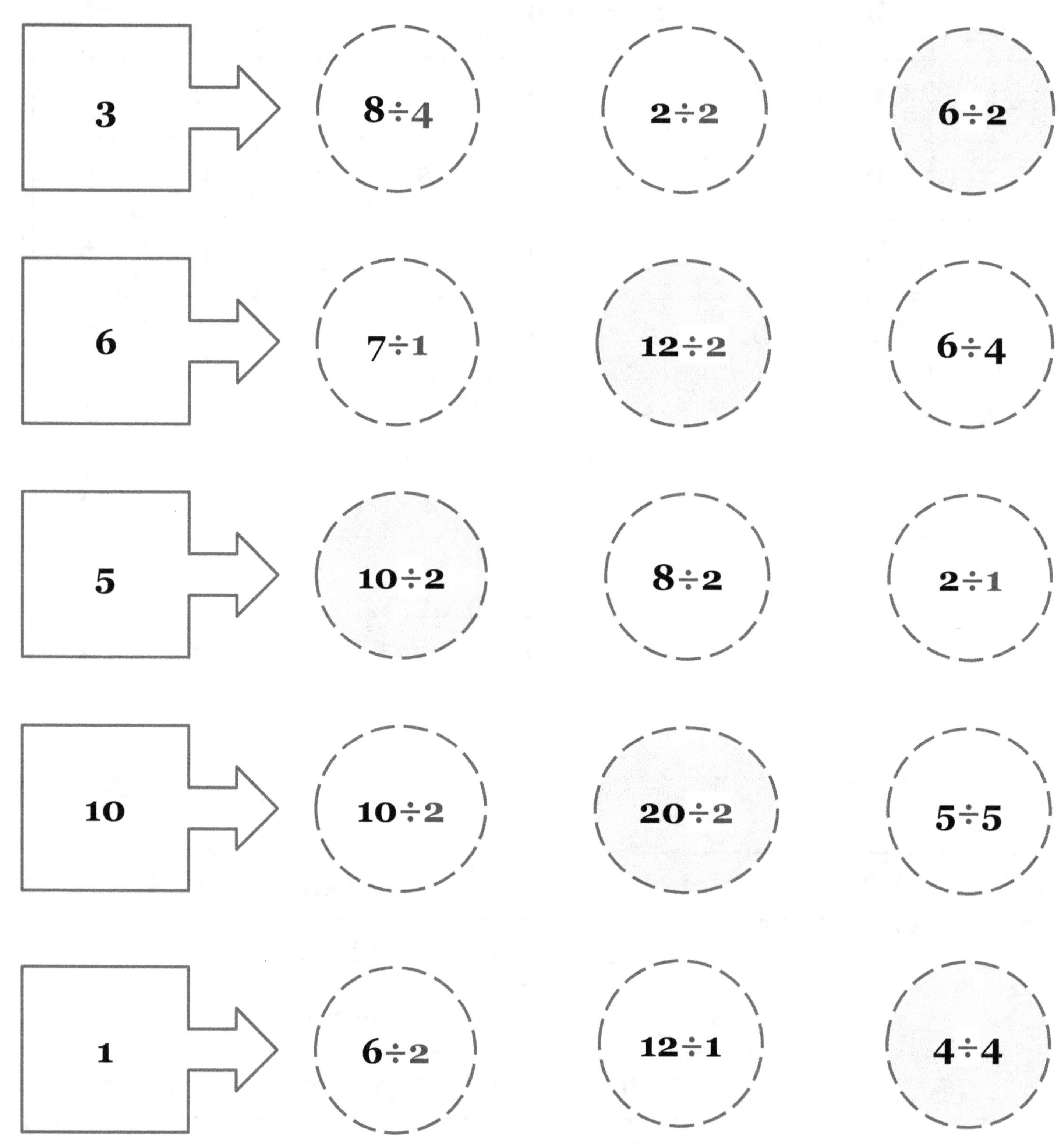

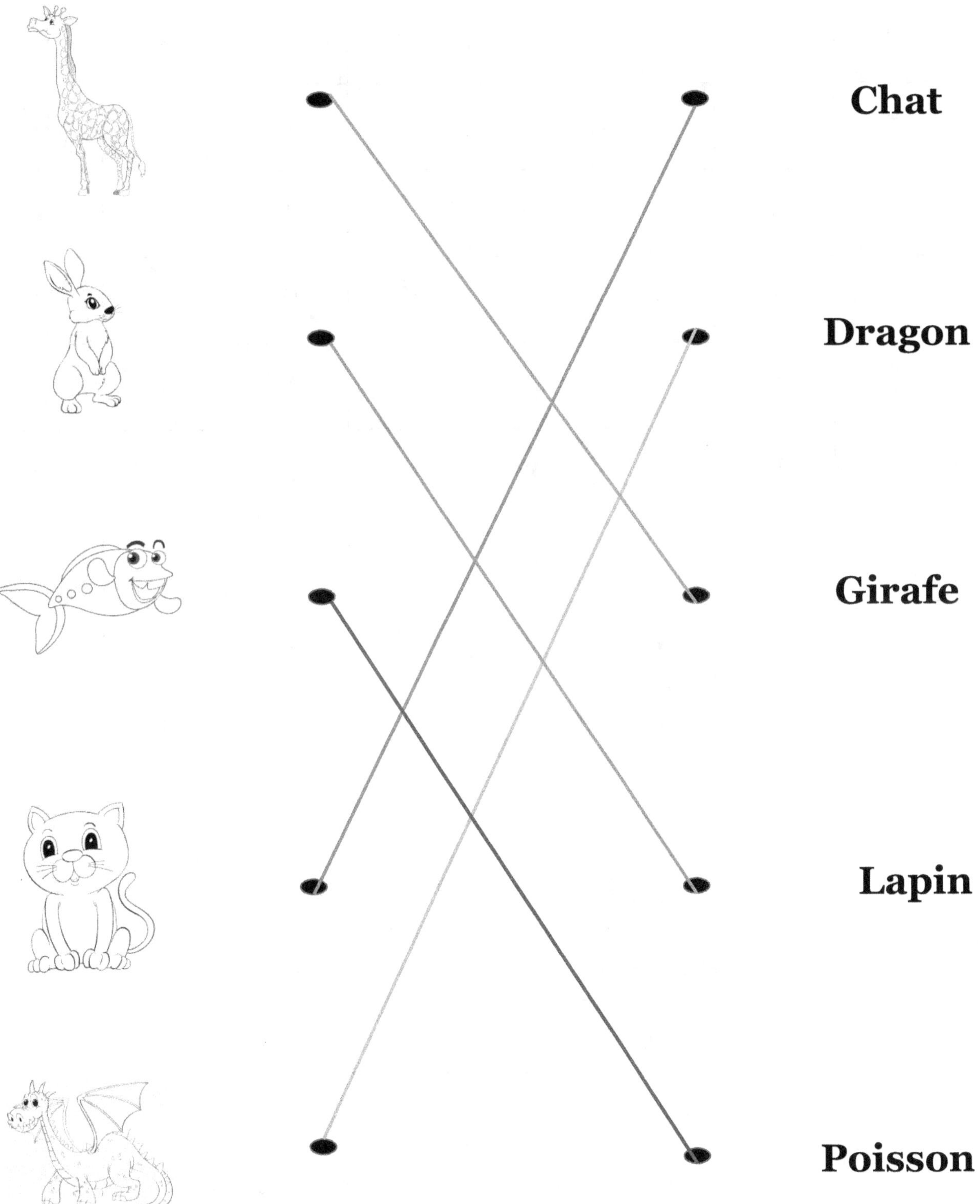
Chat
Dragon
Girafe
Lapin
Poisson

c	a	n	e	t	o	n	x	c
r	c	d	a	u	p	h	i	n
o	t	u	f	a	u	c	o	n
c	h	e	v	a	l	v	n	x
o	z	e	r	s	d	w	c	w
d	é	c	u	r	e	u	i	l
i	v	b	d	r	a	g	o	n
l	b	r	e	b	i	s	i	y
e	d	c	h	è	v	r	e	u
é	l	é	p	h	a	n	t	e

TROUVEZ CES MOTS:	crocodile	écureuil
	dauphin	cheval
	faucon	caneton
	dragon	éléphante
	brebis	*chèvre*

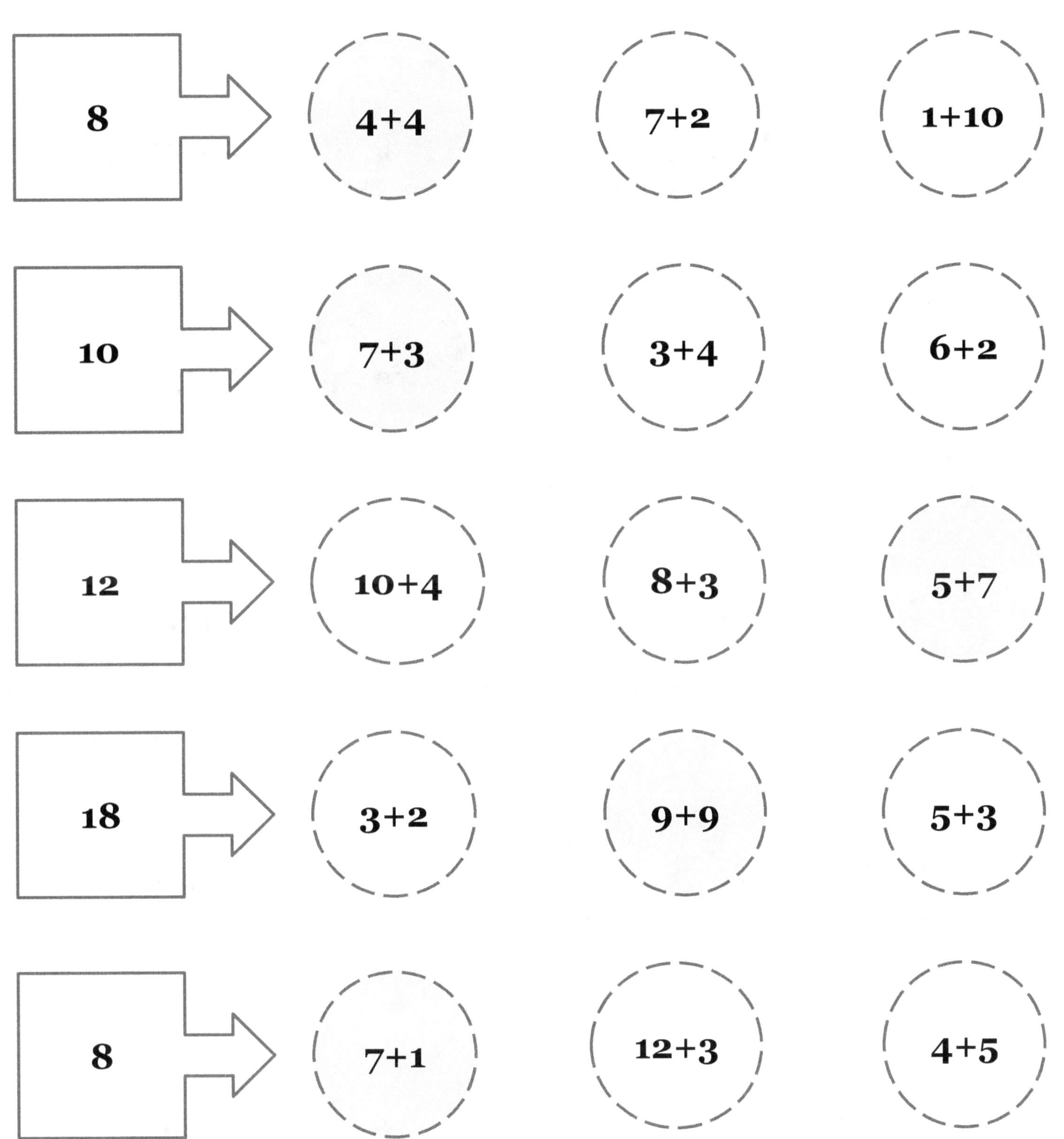

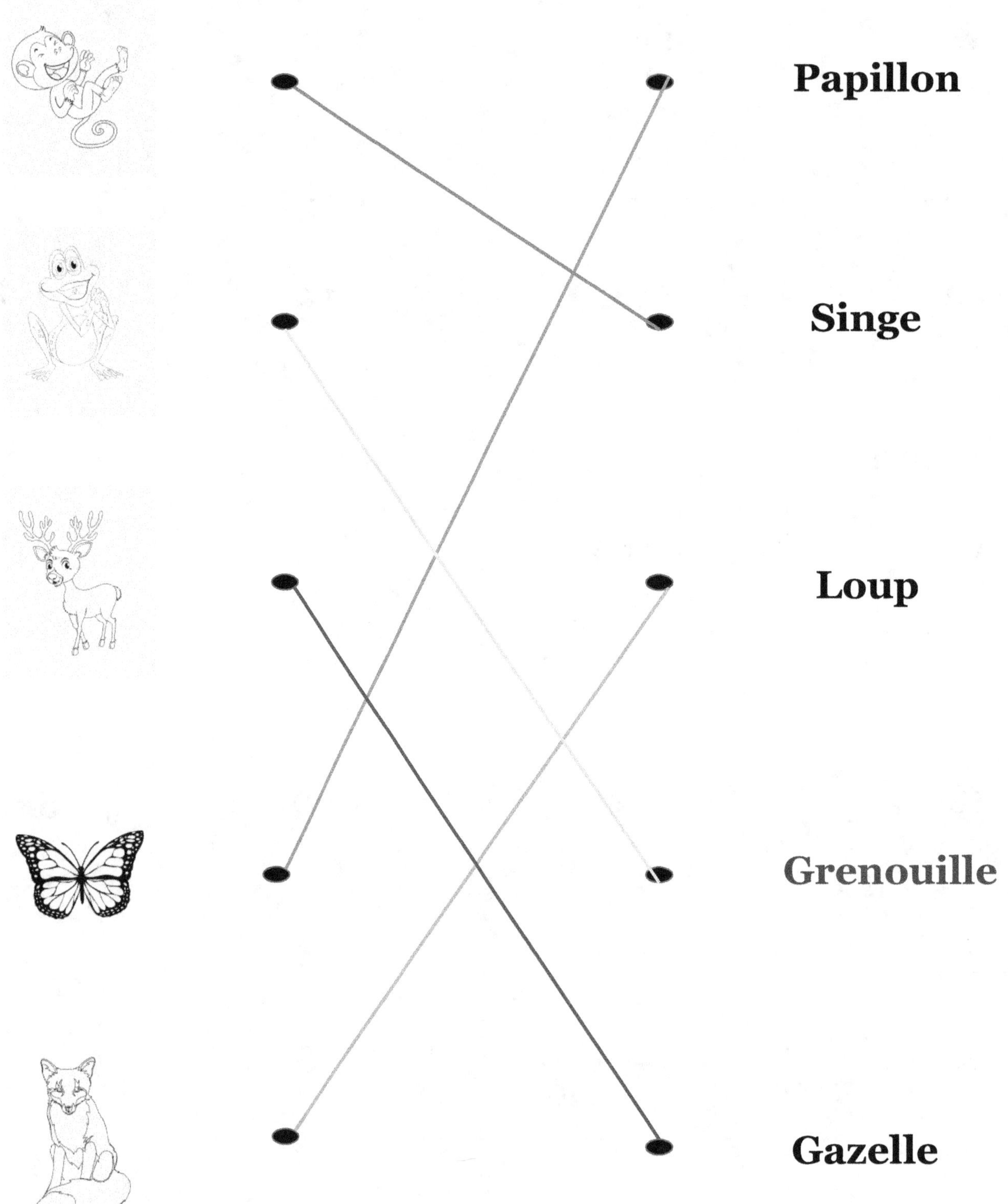

Papillon
Singe
Loup
Grenouille
Gazelle

k	v	c	h	i	e	n	c	v
a	g	n	e	a	u	x	n	b
n	g	j	i	o	n	n	e	b
g	a	a	n	w	l	o	u	p
o	z	p	s	x	v	r	c	g
u	e	i	e	c	a	e	o	h
r	d	n	c	b	c	z	c	t
o	c	v	t	n	h	a	h	y
u	x	w	e	j	e	h	o	u
h	b	o	u	c	p	o	n	i

TROUVEZ CES MOTS:	insecte	*bouc*
	lapin	kangourou
	chien	lionne
	loup	agneau
	vache	*cochon*

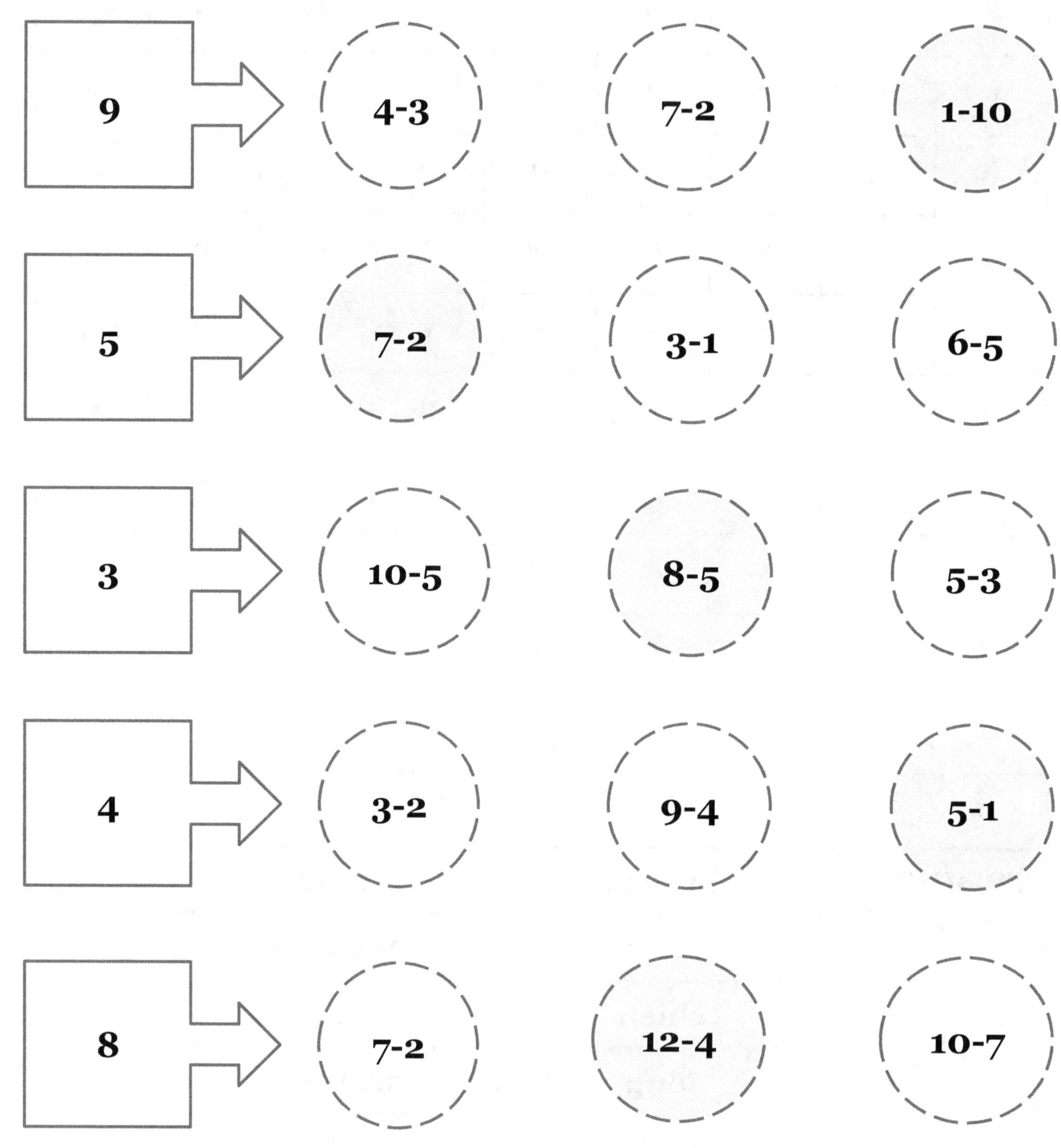

9
4-3   7-2   1-10
5
7-2   3-1   6-5
3
10-5   8-5   5-3
4
3-2   9-4   5-1
8
7-2   12-4   10-7

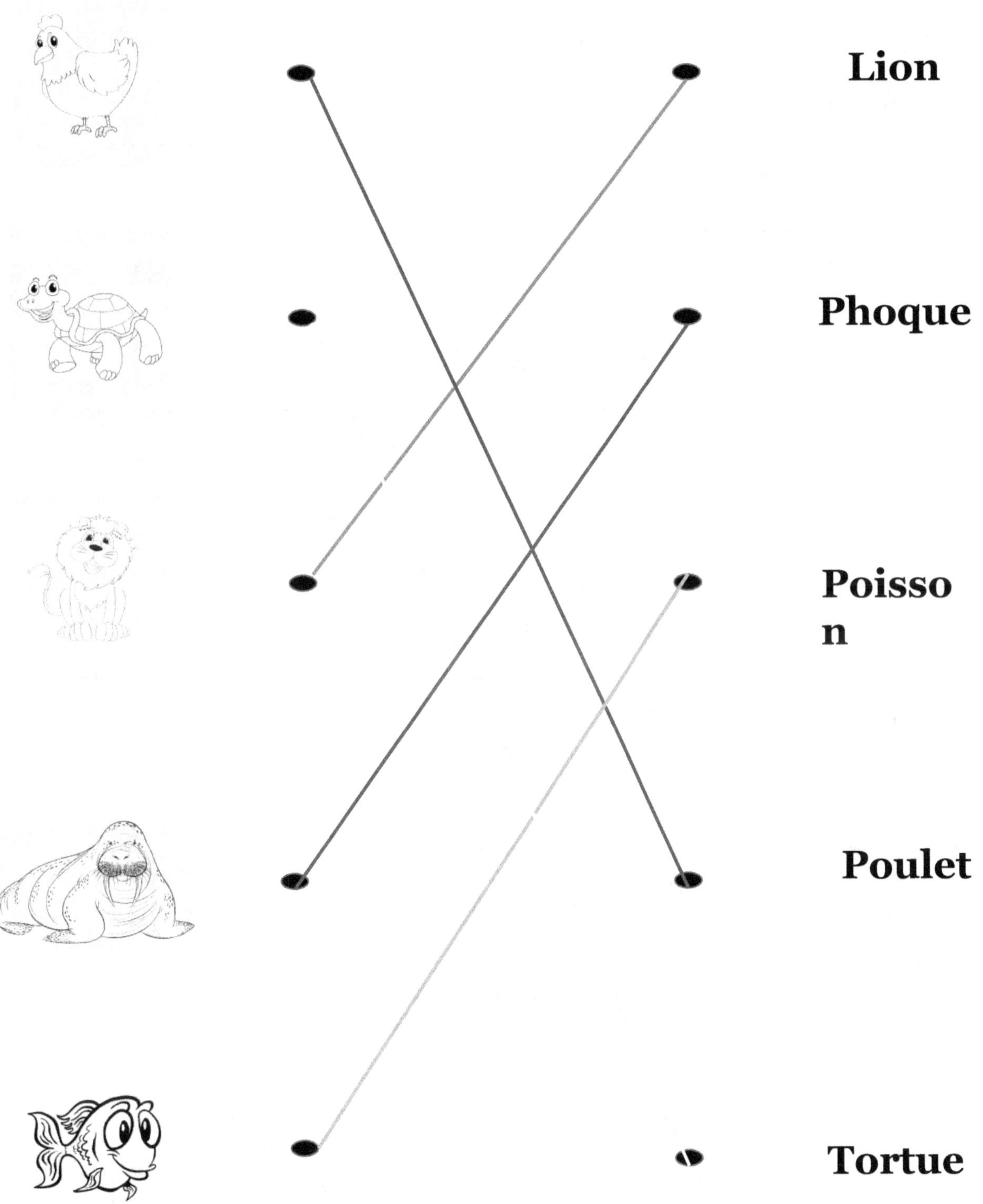

Lion
Phoque
Poisson
Poulet
Tortue

p	e	r	r	o	q	u	e	t
o	é	w	x	c	c	v	b	o
i	q	l	n	b	h	v	p	i
s	s	d	i	a	e	w	a	s
s	g	f	j	c	v	x	n	e
o	u	r	s	k	a	c	d	a
n	o	p	m	l	l	n	a	u
i	p	h	o	q	u	e	u	y
l	o	u	v	e	z	e	r	t
k	m	o	u	t	o	n	v	n

TROUVEZ CES MOTS:	louve	oiseau
	ours	cheval
	mouton	panda
	pélican	perroquet
	poisson	phoque

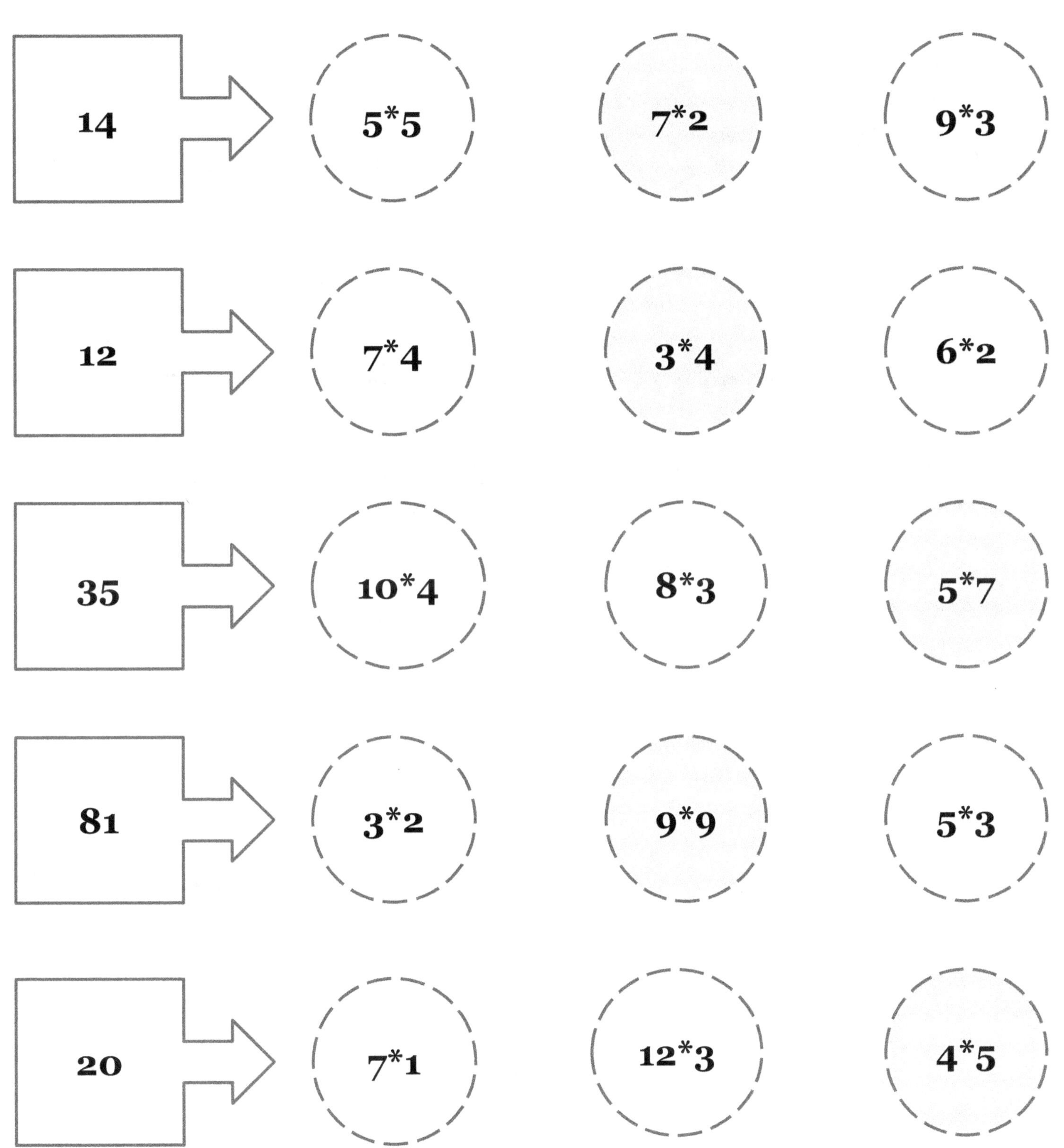

14
5*5
7*2
9*3
12
7*4
3*4
6*2
35
10*4
8*3
5*7
81
3*2
9*9
5*3
20
7*1
12*3
4*5

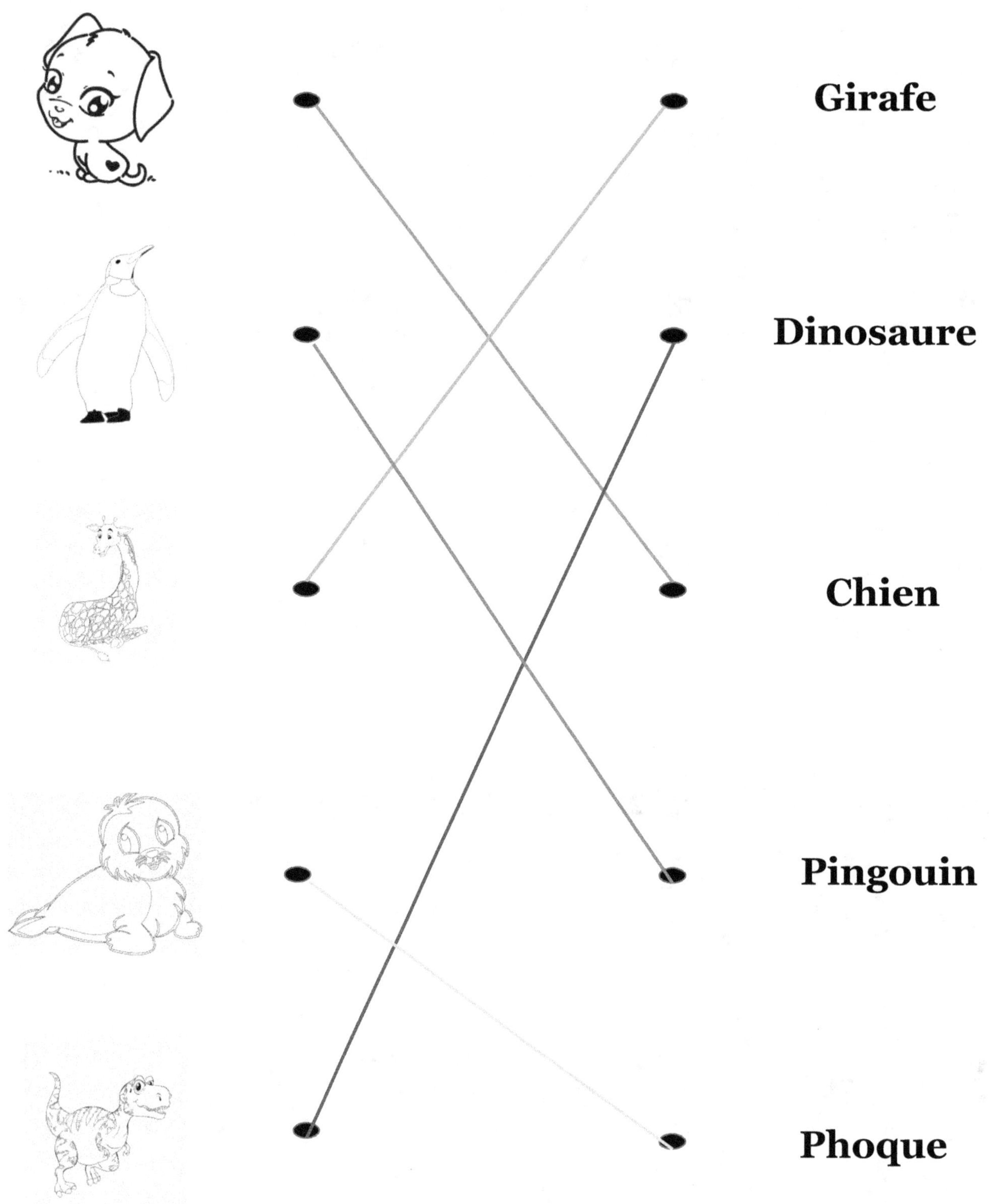
Girafe
Dinosaure
Chien
Pingouin
Phoque

a	r	a	i	g	n	é	e	o
b	a	r	e	n	a	r	d	u
e	v	z	e	t	u	i	o	r
i	e	d	t	i	g	r	e	s
l	a	p	i	n	r	t	o	e
l	u	q	s	d	c	o	u	p
e	q	s	e	r	p	e	n	t
f	o	u	r	m	i	g	h	j
w	c	x	v	b	n	m	l	k
d	f	g	r	e	q	u	i	n

TROUVEZ CES MOTS:	renard	serpent
	requin	lapine
	ourse	veau
	tigre	abeille
	araignée	fourmi

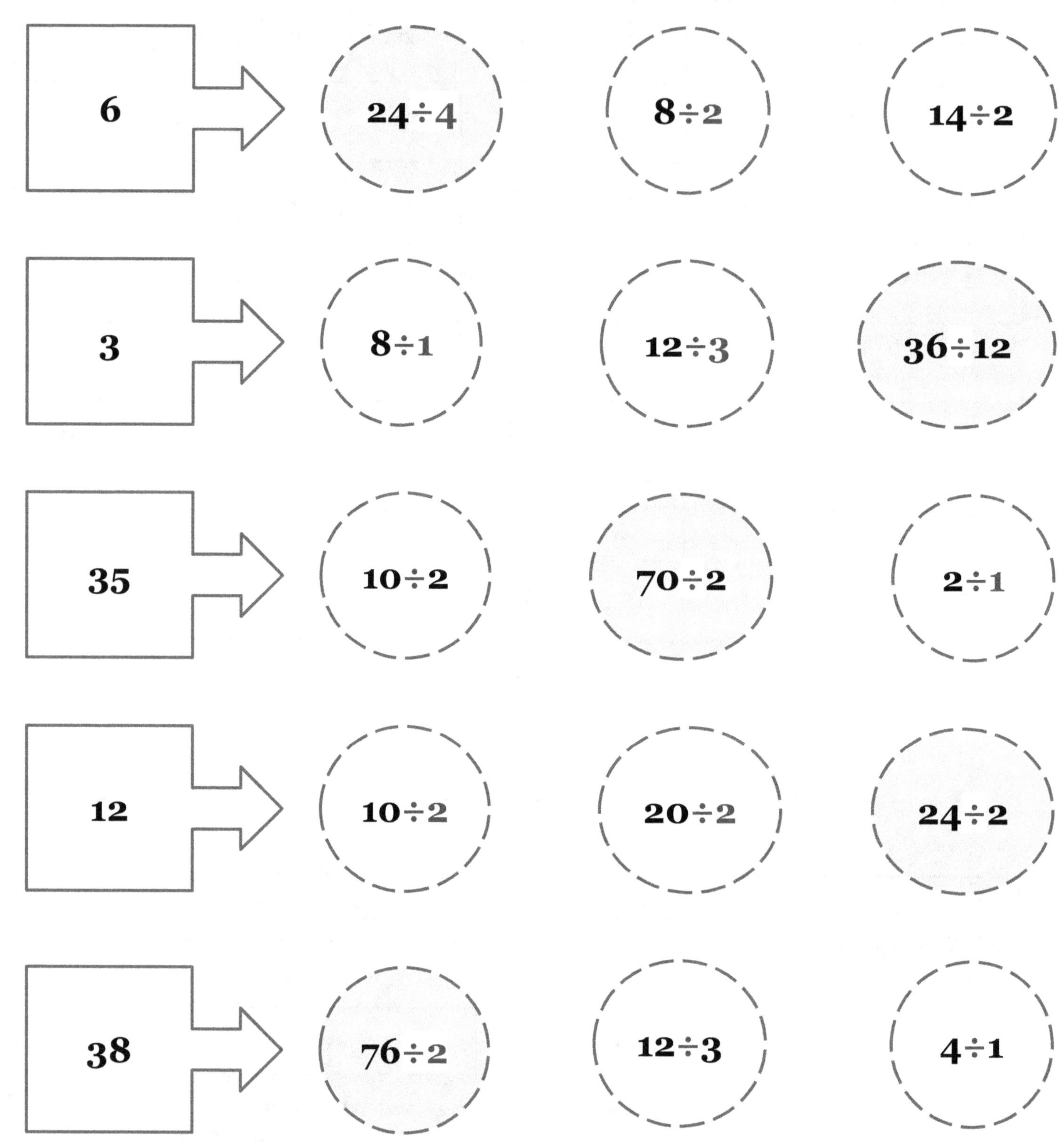

6
24÷4
8÷2
14÷2
3
8÷1
12÷3
36÷12
35
10÷2
70÷2
2÷1
12
10÷2
20÷2
24÷2
38
76÷2
12÷3
4÷1

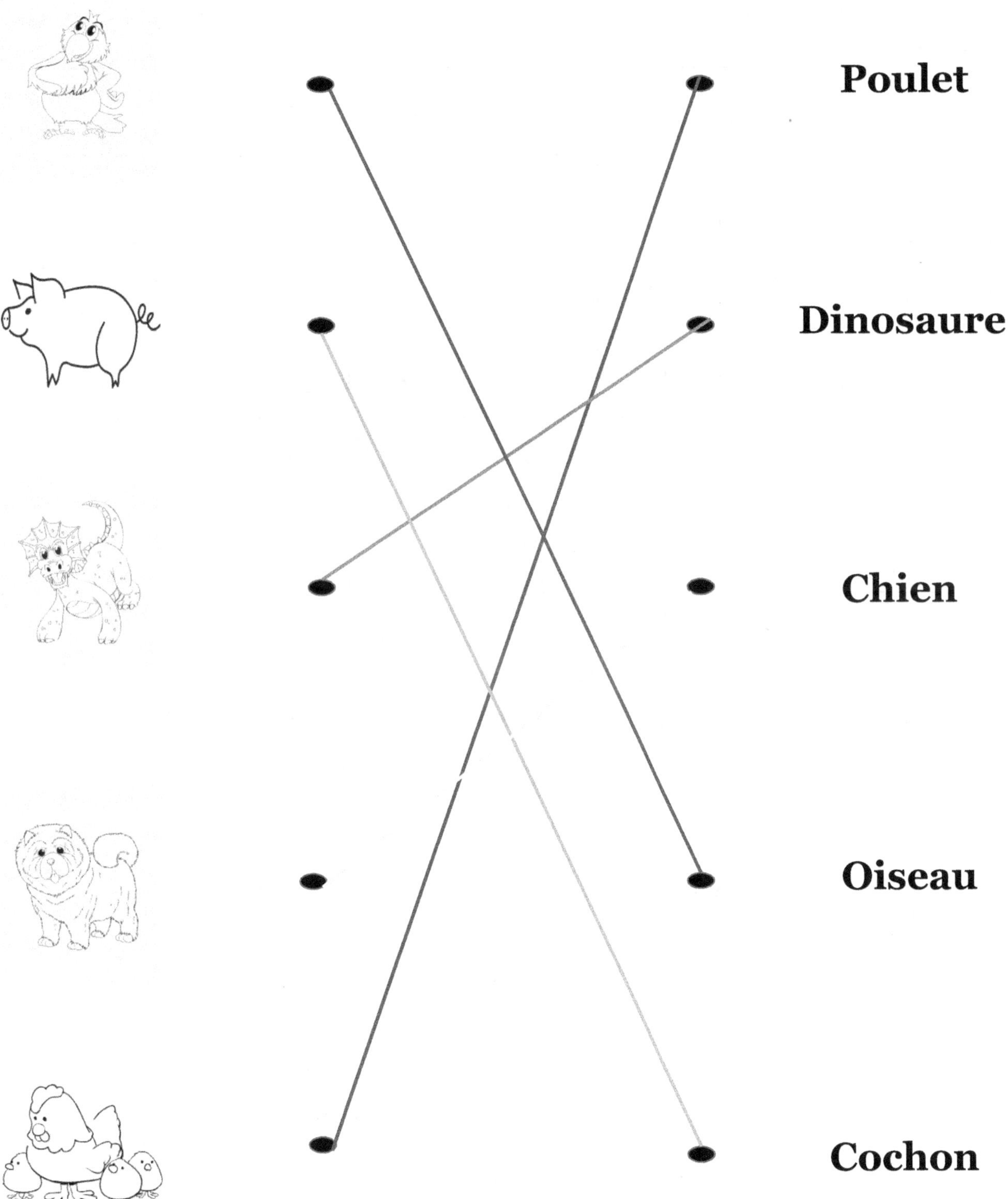

Poulet
Dinosaure
Chien
Oiseau
Cochon

g	o	r	i	l	l	e	w	p
r	h	m	o	u	c	h	e	a
e	i	t	b	v	s	c	x	p
n	b	a	l	e	i	n	e	i
o	o	u	n	q	n	s	d	l
u	u	r	a	t	g	h	f	l
i	t	e	o	p	e	j	g	o
l	y	a	i	m	l	l	k	n
l	f	u	d	s	q	z	f	d
e	é	c	u	r	e	u	i	l

TROUVEZ CES MOTS:	hibou	écureuil
	grenouille	taureau
	rat	papillon
	mouche	singe
	gorille	baleine

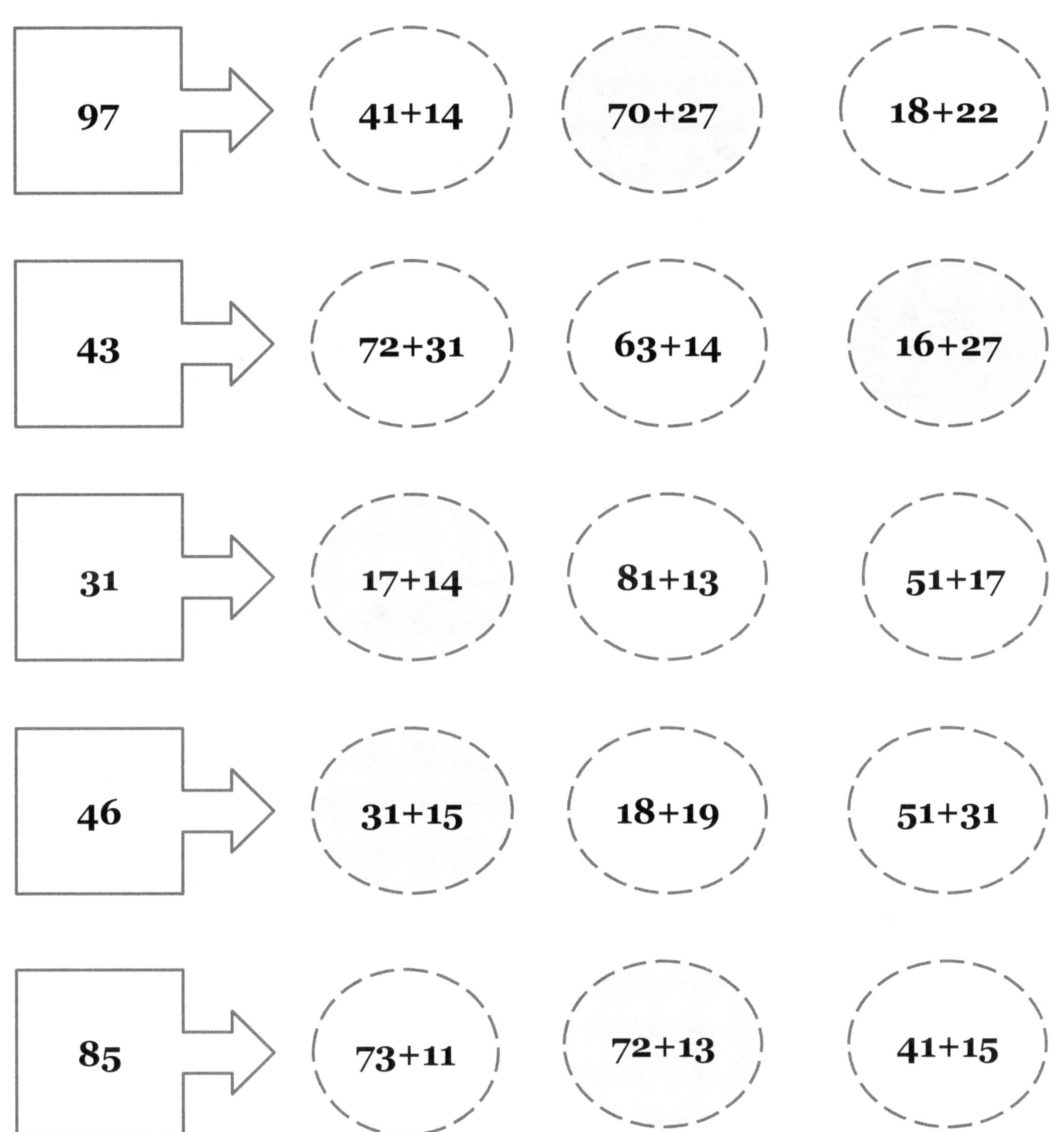

97
41+14   70+27   18+22
43
72+31   63+14   16+27
31
17+14   81+13   51+17
46
31+15   18+19   51+31
85
73+11   72+13   41+15

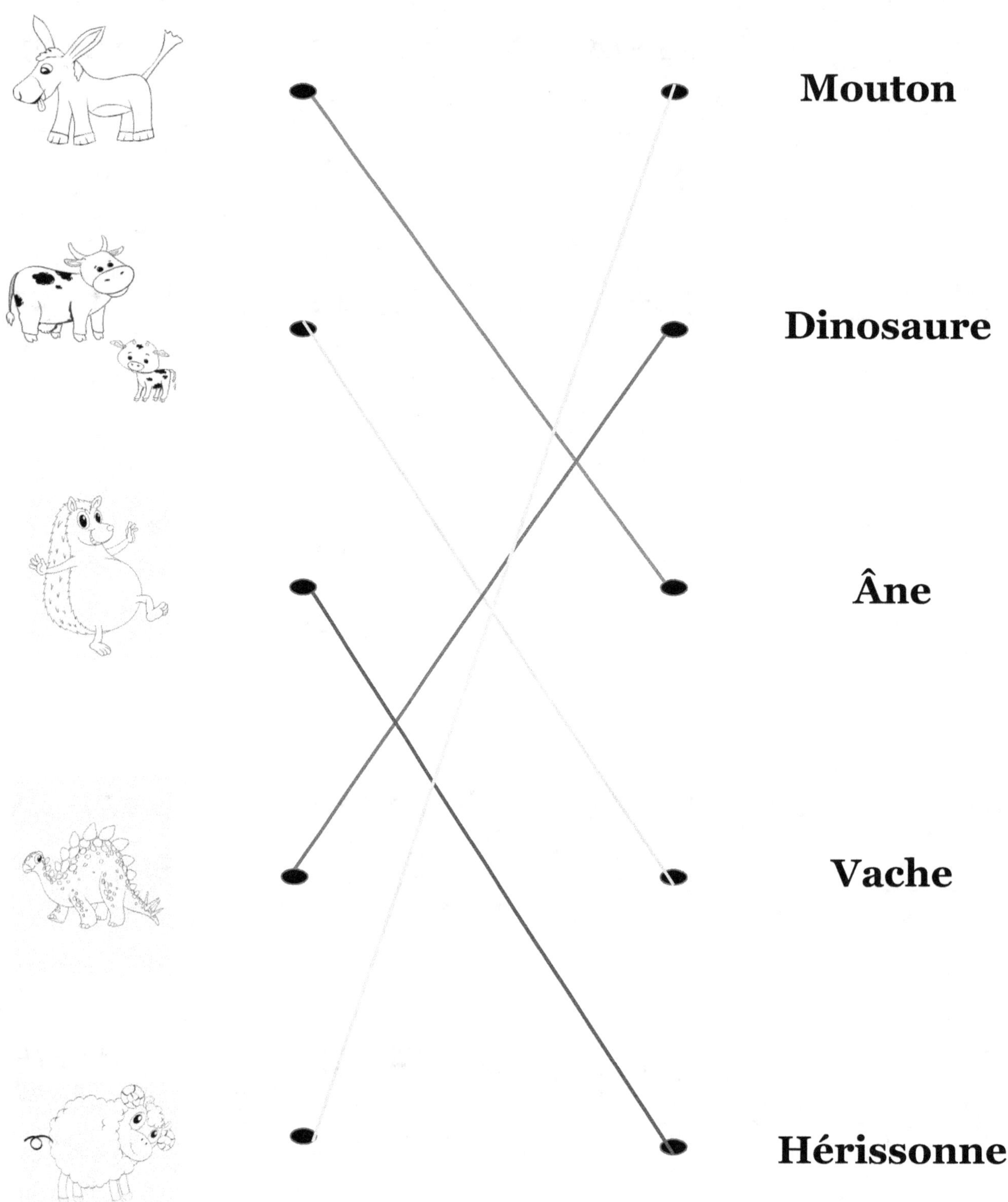

Mouton
Dinosaure
Âne
Vache
Hérissonne

m	o	u	s	t	i	q	u	e
g	i	r	a	f	e	c	v	v
w	p	e	u	x	s	s	n	c
l	o	q	v	a	c	o	b	j
é	u	u	a	i	a	u	l	k
z	l	i	g	g	r	r	l	i
a	e	n	e	l	g	i	o	i
r	q	s	d	e	o	s	u	h
d	q	g	s	d	t	f	p	g
q	d	d	h	j	k	l	m	p

TROUVEZ CES MOTS:	girafe	loup
	souris	aigle
	escargot	requin
	moustique	lézard
	poule	sauvage

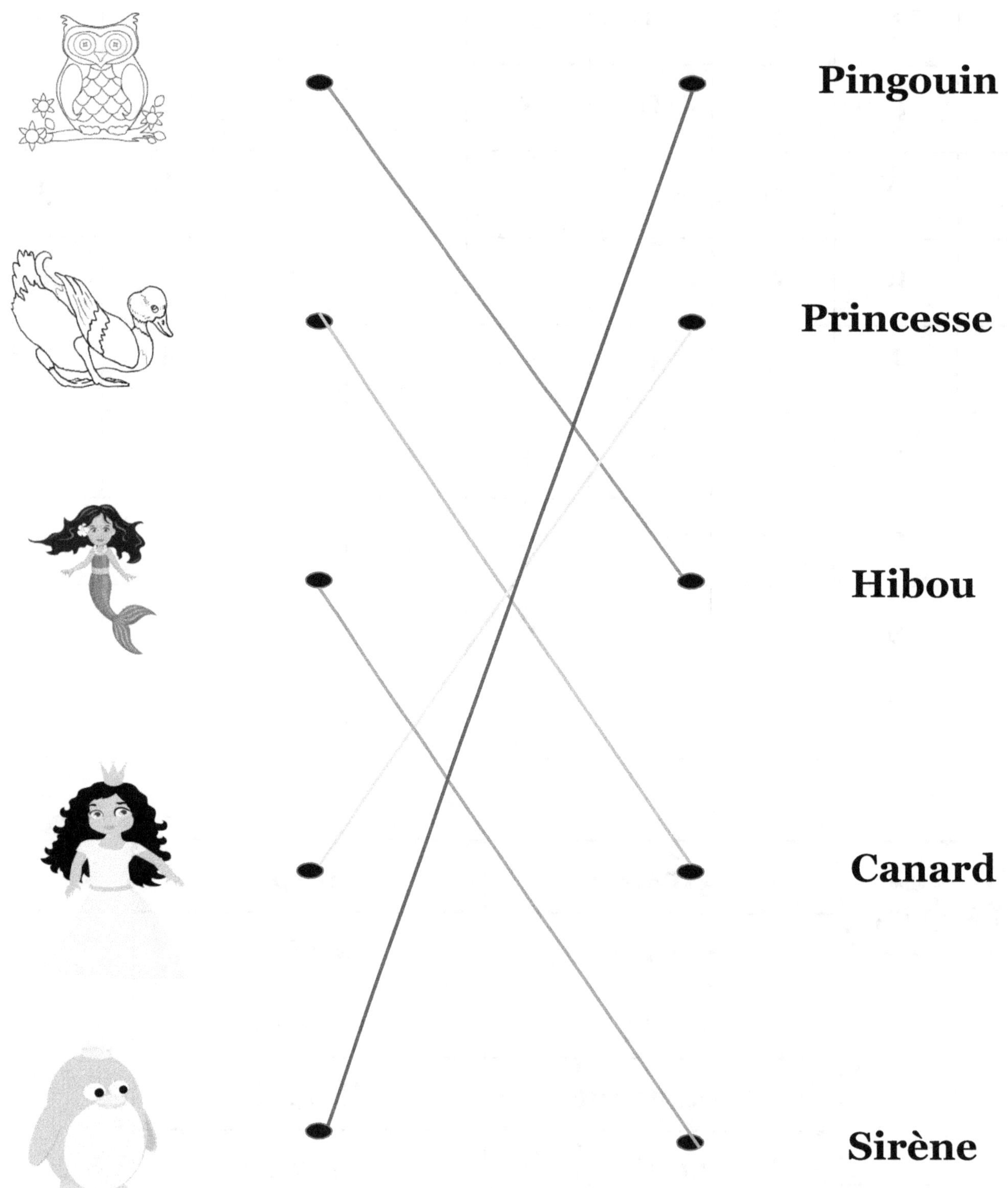

Pingouin
Princesse
Hibou
Canard
Sirène

g	t	i	g	r	e	s	s	e
i	o	a	v	a	c	h	e	w
r	r	q	e	l	m	n	t	d
a	t	w	a	k	p	b	r	i
f	u	z	u	u	o	o	u	n
e	e	x	t	j	u	u	i	d
e	r	s	r	h	l	i	t	o
a	e	c	f	g	p	o	e	n
u	s	c	h	i	e	n	p	t
v	t	o	r	t	u	e	e	r

TROUVEZ CES MOTS:	chien	poulpe
	truite	tortue
	girafeau	tigresse
	dindon	veau
	chien	vache

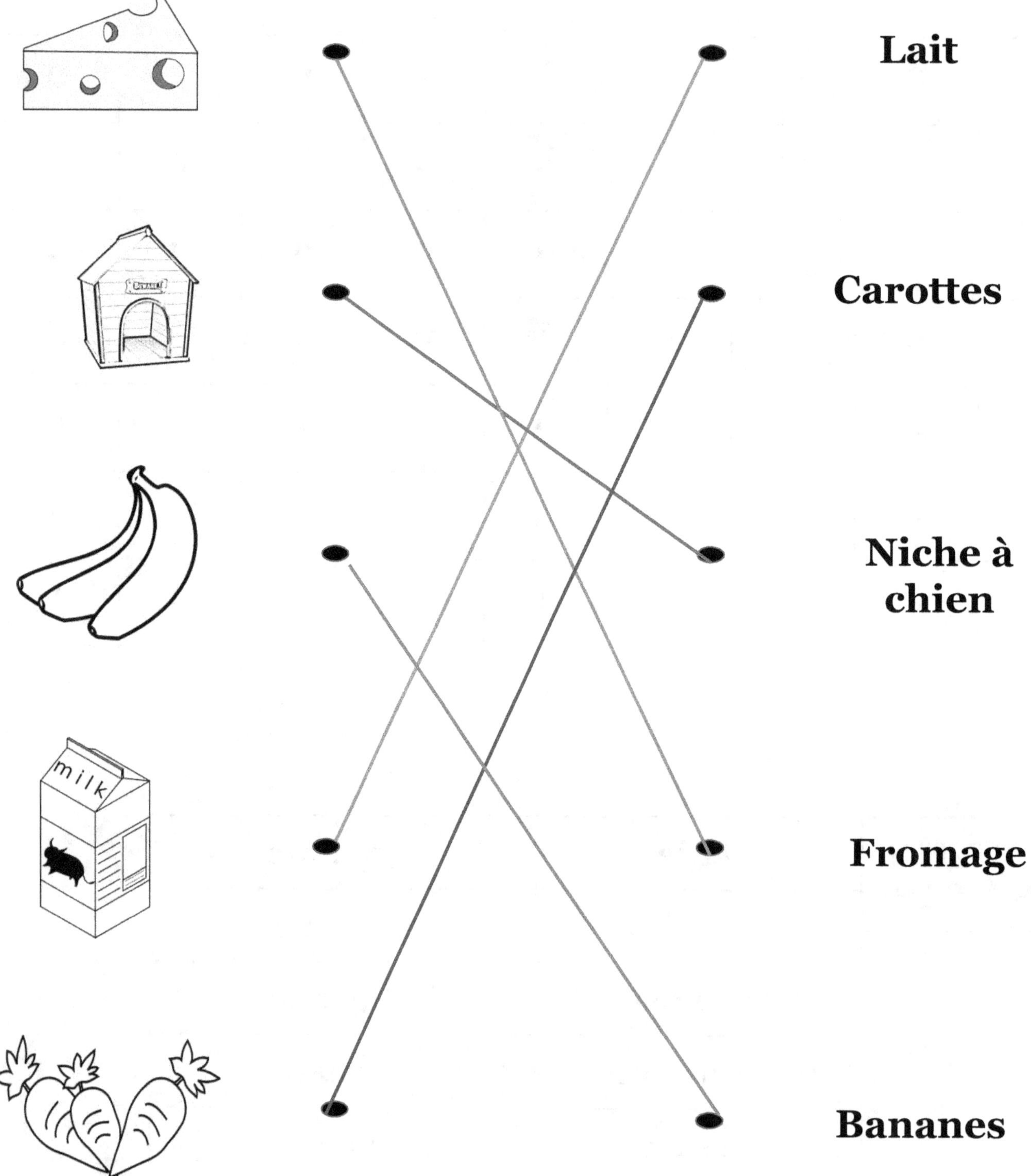

Lait
Carottes
Niche à chien
Fromage
Bananes

a	c	z	e	p	r	c	t	y
s	a	n	g	l	i	e	r	u
w	s	e	t	u	u	r	o	i
a	t	c	x	m	c	f	v	b
n	o	v	b	e	r	g	e	r
i	r	m	e	l	k	c	j	n
m	o	p	c	a	n	a	r	d
a	i	u	y	t	r	g	e	z
l	j	h	g	f	d	e	s	a
k	p	o	u	s	s	i	n	q

TROUVEZ CES MOTS:	castor	bec
	berger	animal
	sanglier	cage
	cerf	poussin
	plume	canard

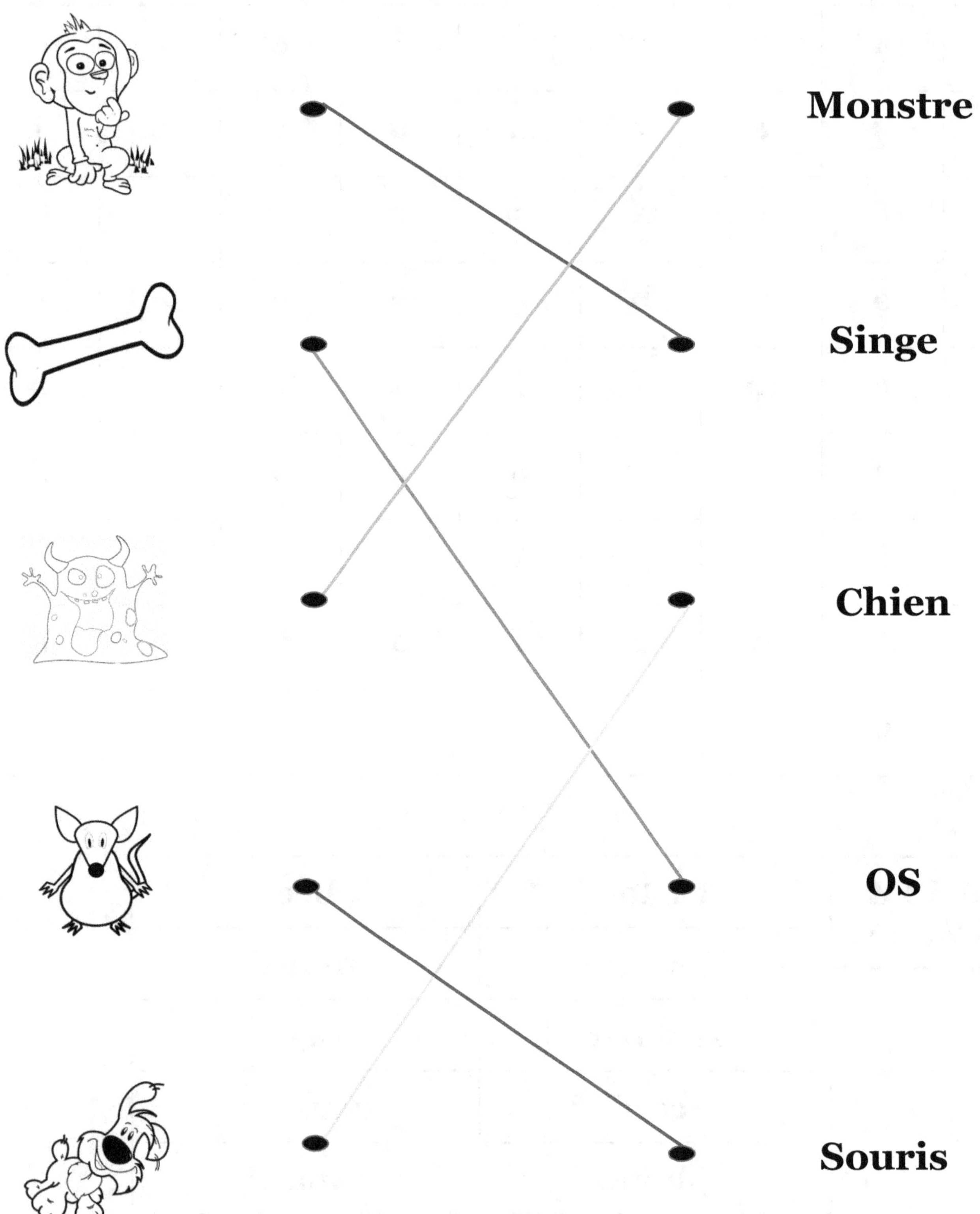

Monstre
Singe
Chien
OS
Souris

a	e	r	o	t	r	y	u	i
z	a	l	i	m	e	n	t	o
q	i	a	e	m	n	p	p	a
h	g	i	k	l	a	y	o	g
é	l	s	j	h	r	t	u	n
r	e	s	d	g	d	e	l	e
o	s	e	d	f	d	z	a	a
n	q	c	o	r	n	e	i	u
w	c	v	b	n	k	l	n	j
x	l	i	è	v	r	e	l	k

TROUVEZ CES MOTS:	aigle	aliment
	renard	poulain
	lièvre	oie
	corne	héron
	laisse	agneau

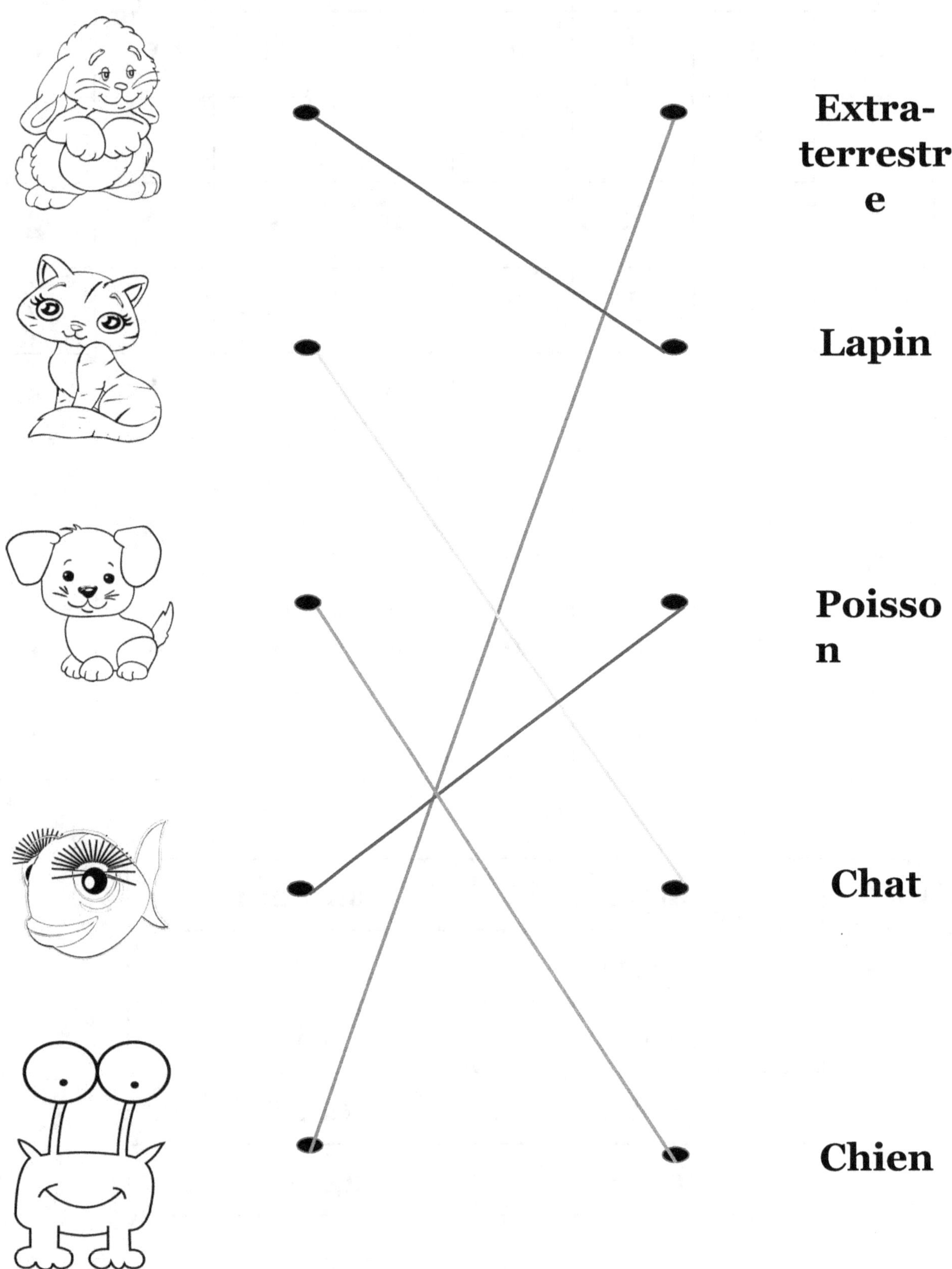

Extra-terrestre
Lapin
Poisson
Chat
Chien

p	w	x	p	c	v	b	n	z
i	é	l	é	p	h	a	n	t
g	m	a	l	a	l	n	i	d
e	u	s	i	o	k	i	m	l
o	s	d	c	n	j	m	u	s
n	e	c	a	h	g	a	h	i
t	a	v	n	f	d	u	i	n
y	u	b	n	q	s	x	b	g
r	h	o	m	a	r	d	o	e
e	z	a	s	d	f	v	u	s

TROUVEZ CES MOTS:	homard	singe
	nid	museau
	animaux	hibou
	pigeon	paon
	éléphant	pélican

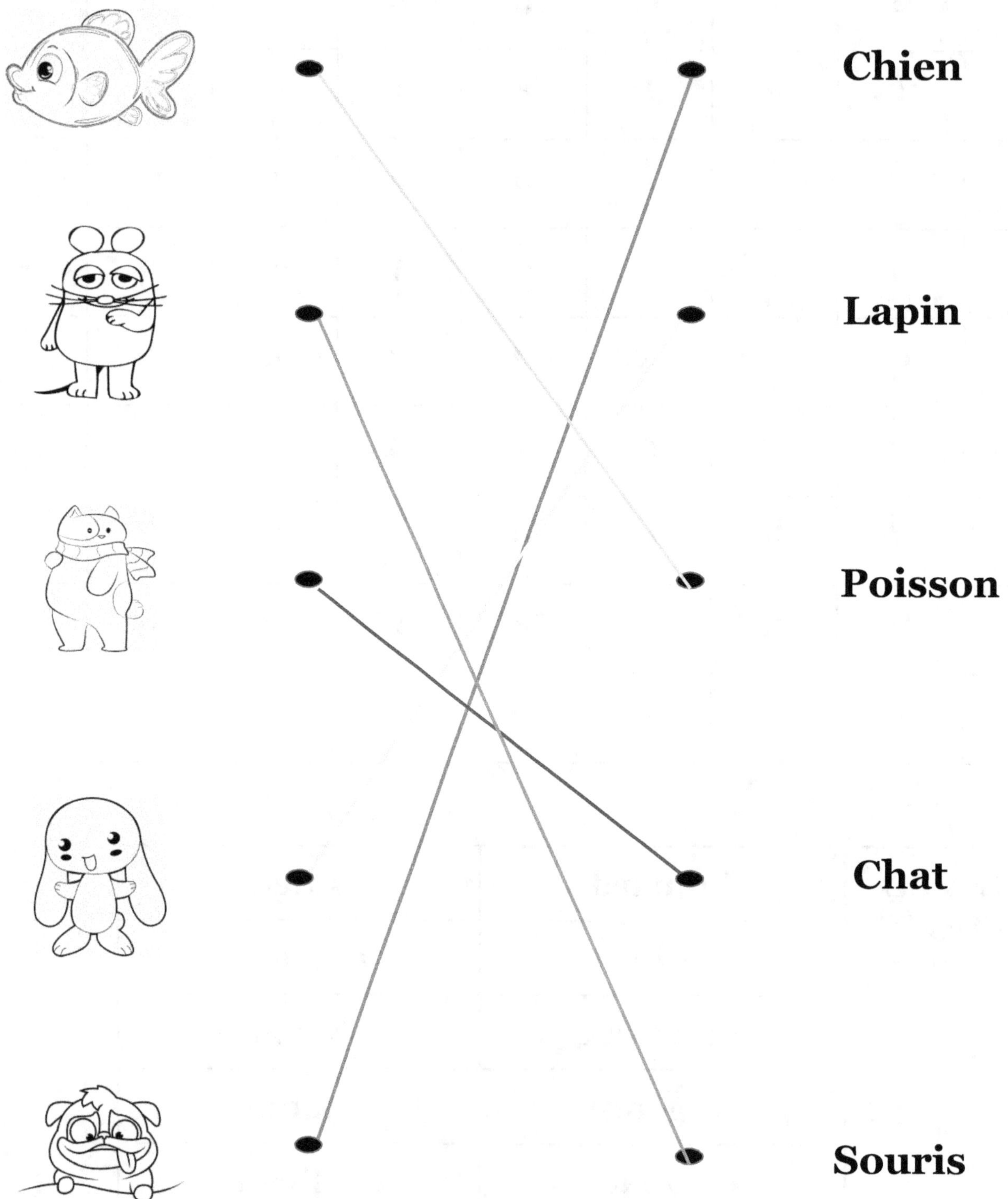

Chien
Lapin
Poisson
Chat
Souris

a	m	o	u	e	t	t	e	g
d	i	n	d	e	e	d	f	c
i	z	p	h	o	q	u	e	i
n	c	o	q	u	y	t	n	g
o	y	o	i	l	t	o	b	o
s	g	l	p	a	r	r	v	n
a	n	g	h	p	e	t	c	e
u	e	d	f	i	z	u	x	x
r	s	e	z	n	a	e	s	w
e	x	m	o	u	t	o	n	q

TROUVEZ CES MOTS:	lapin	mouton
	coq	cigogne
	mouette	dinde
	phoque	tortue
	cygne	dinosaure